카이스트 K스쿨

Let's 스타트업

카이스트 K스쿨

Let's 스타트업

안성태 지음

실리콘밸리를 꿈꾸는 스타트업 창업 가이드

니케북스

창업의 첫걸음을 내딛으며

'청년 창업', '퇴직 후 창업', '벤처 창업'이라는 말이 유행하는 요즘은 가히 창업의 시대라고 해도 과언이 아닙니다. 창업에 그만큼 관심이 많다는 의미겠지요. 그런데 정작 어디서부터 어떻게 시작해야 할지 막막하다고 느끼는 분들이 적지 않은 것 같습니다. 이 책은 그런 분들이 창업을 위한 첫걸음을 내딛는 것을 돕기 위한 책입니다.

저자의 배경인 IT, 기술 창업에만 국한되지 않고 서비스 창업 등 다른 분야의 창업을 준비하는 분들에게도 이 책을 권합니다. 책의 초점을 벤처캐피털 같은 전문 투자가들이 관심을 가질 만한 고성장 창업에 맞추었지만, 여기서 다루는 스타트업의 핵심은 기술 창업은 물론 서비스 창업에서도 통용되는 것이기 때문입니다.

저자는 2017년 말부터 2018년 초 사이에 한국형 온라인 강좌 사이트 K-MOOC(www.kmooc.kr)에서 '창업의 첫걸음'이라는 온라인 강의를 개설해 운영한 바 있고, 앞으로도 지속해서 강의를 진행하려고 합니다. 이 온라인 강의의 원천은 카이스트 K스쿨의 오프라인 강의 '창업의 이해'와 '창업의 핵심', '스타트업 재무'입니다. 카이스트 K스쿨은 이공계 학생들의 기술 창업을 돕기 위해 2016년 가을 마련한 교육 프로그램입니다. K-MOOC의 온라인 강의를 들은 많은 학생이 강의의 교재로 쓸 책이 있으면 좋겠다는 수강 후기를 남기기도 했고, 카이스트 학생들에게도 필요하다는 생각에 이 책을 집필하게 되었습니다.

한 가지 바람이 있다면 이 책이 K-MOOC의 수강생이나 카이스트의 학생에 국한되지 않고 전국에 있는 많은 창업 희망자들에게 읽혔으면 하는 것입니다.

이 책을 쓰면서 10여 년 전 창업자 겸 CEO였던 제 모습을 자주 떠올렸습니다. 창업에 대해 아는 게 거의 없었던 그때의 저에게 필요한 책이라면 어떤 책이어야 할까를 생각하면서 이 책을 썼습니다. 그래서 책 안에 창업을 준비하거나 갓 창업을 한 분들이 적어도 한 번은 고려해봐야 할 사항들을 가능한 한 많이 담고자 노력했습니다. 이 책이 창업자들의 긴 여정을 즐겁게 같이 할 가이드북이 될 수 있다면 매우 기쁘겠습니다.

저를 넘치는 사랑으로 키워 주셨고, 제게 호기심과 도전정신, 창업자 DNA를 물려주시고 지난 2월 세상을 떠나신 어머니께 이 책을 바칩니다.

2018년 9월
카이스트 K스쿨에서
안성태

1장

성공적인 창업은
어떻게 이루어지는가?

창업이란, 대기업보다 규모도 훨씬 작고 자금력도 떨어지지만
창업자가 열정과 혁신 정신을 가지고
대기업으로서는 도저히 하지 못하는 것을 해내는 것이다.

스타트업이란,

1. 자신의 제품이 무엇인지
2. 고객이 누구인지
3. 어떻게 돈을 버는지를 헷갈려 하는 회사다.

데이비드 매클루어 David McClure

'내게 좋은 사업 아이디어가 있다. 그렇지만 어디서 어떻게 시작해야 할지 막막하다.' 이런 고민을 하는 사람이라면 우선 자신에게 다음의 두 가지 질문을 해보기를 바란다.

첫째, "나의 사업 아이디어로 많은 사람들이 쓰고 싶어 하는 제품이나 서비스를 만들어낼 수 있는가?"
둘째, "나의 사업 아이디어를 실제 결과물로 만들어낼 수 있는 과정을 아는가?"

이 두 가지 질문에 대해 확실히 "네!"라고 대답할 수 없는 사람이라면 이 책을 한번 읽어보기를 바란다. 창업자들은 흔히 사업 아이디어, 기술만 있으면 창업의 조건이 갖추어졌다고 생각하는 경향이 있다. 이 책을 통해 아이디어나 기술이 창업을 하는 데 있어서 중요한 것은 분명하지만 그것만으로는 절대 성공이 보장되지 않는다는 것을 느끼게 되기를 바란다.

장업을 한 후 그 결과물인 스타트업startup(새롭게 창업한 회사)을 성공적으로 키워가는 데는 아이디어나 기술과 관련된 일 외에도 다른 많은 일이 일어나게 되므로 아이디어나 기술이 차지하는 비중이 결코 크지 않다는 점 또한 이해했으면 한다.

/ 스타트업이 성공하는 데 필요한 다섯 가지 요소 /

그 스스로 성공한 창업자로, 아이디어랩Idealab이라는 창업지원 회사를 세워 많은 스타트업을 돕고 있는 빌 그로스Bill Gross는 TED 강연에서 '스타트업 성공의 가장 중요한 요소Single biggest reason why startups succeed'에 대해 말했다(https://www.ted.com/talks/bill_gross_the_single_biggest_reason_why_startups_succeed?language=ko).[1]

그로스가 꼽은 스타트업이 성공하는 데 필요한 다섯 가지 요소는 아이디어와 팀/실행, 비즈니스 모델, 펀딩, 타이밍이었다. 그는 아이디어랩에서 큰 성공을 거둔 회사들과 에어비앤비, 인스타그램, 우버, 유튜브 등 유명한 성공 사례들을 근거로 이 다섯 가지 요소가 성공에 어느 정도 기여했는지를 살펴보았다. 그 결과 예상과 달리 타이밍이 스타트업이 성공하는 데 가장 중요한 요소라는 결론을 내렸고, 그 근거로 에어비앤비 사례를 들었다.

당초에 에어비앤비는 투자가들로부터 외면을 당했었다. 모르는 사람들에게 자신의 집을 빌려주는 사업에 저항감을 느꼈기 때문이다. 그러나 투자가들의 예상은 빗나갔다.

에어비앤비가 숙박 공유 서비스를 시작한 2008년, 미국에서는 리먼 브라더스Lehman Brothers 사태가 발생했고, 이 사건이 초래한 경제 위기의 여파로 인해 많은 사람들이 추가 수입을 필요로 했다. 사람들은 에어비앤비의 사업 모델에 관심을 갖기 시작했다. 에어비앤비에게는 절호의 타이밍이었다.

이렇듯 에어비앤비가 성공을 거둔 데는 뛰어난 실행력을 가진 창업자들과 피벗pivot의 결과로 정립된 비즈니스 모델 외에 타이밍도 한몫했다. '피벗'은 농구 경기에서 많이 쓰는 용어로, 한쪽 발을 바닥에 고정하고 다른 쪽 발을 움직여 몸을 회전하는 동작을 뜻한다. 비즈니스 세계에서 이 말은 시장조사나 고객의 반응 등을 바탕으로 사업의 근본 비전은 유지하면서 사업의 방향을 시장에서 더 쉽게 받아들일 수 있는 쪽으로 발전시키는 것을 의미한다.

빌 그로스의 이런 주장에 여러분은 동의하는가? 내가 학생들과 빌 그로스의 TED 강연을 함께 본 후 "그래서 스타트업이 성공하는 데 있어서 가장 중요한 요소는 무엇이죠?"라고 학생들에게 물어보면 많은 학생이 입을 맞춰 "타이밍입니다"라고 대답한다.

타이밍이 중요한 것은 맞지만 모든 기업, 모든 상황에 적용되는 것은 아니다. 즉, 각각의 회사마다 성공의 요인이 다를 수 있다. 더구나 빌 그로스가 말한 다섯 가지 요소 중 나머지는 창업자가 노력해서 변화시킬 수 있지만, 타이밍은 노력한다고 맞출 수 있는 요소가 아니다. 크게 성공한 스타트업 중에도 하다 보니 타이밍이 맞은 것이지 처음부터 타이밍을 의식한 기업은 많지 않을 것이다.

스타트업에서 일어나는 많은 일에는 정답이 없다. 다른 이들의 강연, 조언을 경청하되 여러분만의 정답을 찾아가는 것이 어쩌면 창업의 과정이라고 할 수 있겠다. 타이밍이 가장 중요하다는 빌 그로스의 주장에 동의하든 안 하든 그가 꼽은 다섯 가지 요소가 스타트업이 성공하는 데 필요한 중요한 요소라는 데는 이의가 없다. 그래서 이 책에서는 창업자의 노력으로 변화시킬 수 있는 범위 내에 있는 네 가지 요소인 아이디어, 팀/실행, 비즈니스 모델, 펀딩에 대해 다루고자 한다.

이 책에서는 창업자가 갖추어야 할 가장 중요한 기술 중 하나인 발표의 기술에 대해서도 다룬다. 빌 그로스의 강연을 발표 기술 측면에서 한 번 더 보기를 권한다. 발표를 어떻게 시작해서 내용의 흐름을 어떻게 전개해가는지, 슬라이드라는 보조자료를 어떻게 사용하는지 등을 관심 있게 보기를 바란다.

이 책에서 여러분이 창업에 필요한 모든 것을 얻을 수는 없을 것이다. 그리고 어쩌면 여러분이 창업에 대해 가장 많이 배울 수 있는 곳은 바로 여러분의 스타트업일 수 있다. 이 책을 통해 내가 기대하는 것은 여러분이 성공적인 스타트업이 되기 위해서는 여러 다양한 요소가 갖취져야 한다는 것을 이해하는 것이다. 즉, 성공적인 스타트업이 되기 위해서는 기술, 아이디어뿐만 아니라 창업자의 리더십, 실천력, 발표 기술, 재무, 펀딩, 그리고 새로운 분야에 대한 이해력 등 다양한 능력이 필요하다. 스타트업의 리더로서 바쁜 나날을 보내겠지만 이 책을 옆에 두고 틈틈이 이런 기술들을 익혀 나가기를 바란다.

이 책의 2장에서는 에어비앤비 사례를 통해 우선 성공적인 창업이 어떻게 이루어지는지에 대해 소개할 것이다.

사업 아이디어가 있으면 본격적으로 사업에 뛰어들기 전에 아이디어의 타당성을 검증하고, 그 아이디어를 실현하기 위한 구체적인 모델을 세워야 한다. 3장에서는 사업 아이디어부터 비즈니스 모델을 세우는 과정까지를 다룬다.

새로운 사업 아이디어의 가능성은 그 아이디어가 만들어낼 시장의 규모와 예상되는 경쟁 상대에 의해 결정된다. 4장에서는 시장 규모를 예측하는 방법과 경쟁 상대에 대해 다룬다.

스타트업은 결국 사람과 자금으로 이루어진다. 그러므로 창업자는 전공이 무엇이든 어느 정도의 재무 지식을 가져야 한다. 스타트업에 돈이 떨어지지 않게 하고 생존과 성장에 필요한 자금을 확보하는 일은 창업자의 가장 중요한 임무 중 하나다. 5장에서는 재무 지식이 없는 창업자가 알아야 할 최소한의 스타트업 재무에 관해 설명한다.

6장에는 스타트업이 어떻게 투자 유치를 하는지에 대해 썼다.

창업자가 가져야 할 가장 중요한 기술 중 하나가 프레젠테이션의 기술이다. 7장에서는 프레젠테이션의 기술에 대해 배운다.

좋은 아이디어와 적당한 시기에 충분한 투자 유치를 한다고 해서 성공을 보장받을 수 있는 것은 아니다. 창업자는 좋은 사람들을 끌어모아서 강력한 팀을 만들고, 거기에 뛰어난 실천력을 불어넣어 아이디어를 실현해야 한다. 8장은 이러한 창업자의 리더십에 대해 다룬다.

/ 창업, 언제 하는 게 좋을까? /

여기서 잠깐 나의 창업 경험에 대해 이야기하면 좋을 것 같다. 대학원에서 반도체공학을 전공한 나는 이후 대기업에 입사를 해 일하다가 40대 중반이라는 비교적 늦은 나이에 창업을 하게 되었다. 회사에서는 개발 쪽 일을 주로 했는데, 시간이 지나면서 개발과 사업을 모두 접할 기회가 생겼다. 그러다가 이전까지는 전혀 경험하지 못했던 사업에 흥미가 생겼고, 내게 사업가적 재능이 없지는 않다고 느끼면서 창업을 결심하게 되었다.

이 과정에서 뼈저리게 느낀 것은 현장과 고객의 중요성이었다. 현장에 나가 고객들과 대화를 나누다 보니 사무실 책상에 앉아 전 세계의 지사에서 보내온 마케팅·영업 보고서를 읽을 때는 볼 수 없었던 사업의 방향이 보이기 시작했던 것이다.

이런 과정에서 사업 아이디어들이 하나둘 생기기 시작했고, 그중에는 스타트업에 더 맞는 아이디어도 있었다. 이때부터 창업에 대해 생각하기 시작했는데, 그 이유 중 하나는 나라는 사람이 대기업에 잘 맞지 않는다고 느꼈기 때문이었다.

나는 큰 고민 없이 창업을 결심하게 되었다. 이렇게 회사를 그만두고 창업을 할 수 있었던 것은 내가 경험이 있는 사업 분야에서 잘할 수 있다는 자신감이 있었기 때문인데, 나중에 그게 지나친 자신감이었다는 것을 알게 되었다. 사실은 내가 회사에서 일을 잘할 수 있었던 것은 대기업이 가진 거대한 인프라와 브랜드 파워가 뒷받침되었기 때문이었던 것인데, 그 부분을 간과했었다.

회사를 나와 창업을 하고 보니 모든 것을 0에서 시작해야 했다. 인프라도 없고 브랜드 파워도 없었다. 그래서 더 열심히 일할 수밖에 없었고, 사업 기회를 좇아 전 세계를 열심히 누비고 다녔다. 대기업에서보다 더 긴 시간을 일했지만, 무척 즐거웠다. 내가 하고 싶은 일을 자유롭고 재미있게 할 수 있었기 때문이다.

우리 회사에는 열심히 일하는 우수한 엔지니어들이 있었다. 하지만 솔직히 우리만이 할 수 있고 다른 회사는 절대로 못하는 기술을 보유하고 있는 것은 아니었다. 그보다는 시장의 흐름을 잘 읽고 앞으로 필요한 것을 예측해 준비하고자 했다. 그리고 실제 그때가 왔을 때 스타트업의 강점을 살려 다른 어느 회사보다 발 빠르게 시장에 제품을 내놓아서 스타트업으로서는 비교적 큰 매출을 올릴 수 있었고, 나스닥에도 상장할 수 있었다.

창업 특강을 하면서 자주 받게 되는 질문이 있는데, 바로 창업의 시기에 관한 것이다. 학교를 졸업하고 바로 하는 게 좋을지, 아니면 나처럼 대기업에서 경험을 쌓으면서 사업에 대해 이해하고 인맥도 쌓은 후 창업을 하는 게 나을지에 관한 질문이다. 물론 내 경우는 대기업에서의 경험이 많은 도움이 되었지만, 나는 될 수 있는 한 빨리 창업하라고 권하고 싶다.

창업이란, 대기업보다 규모도 훨씬 작고 자금력도 떨어지지만 창업자가 열정과 혁신 정신을 가지고 대기업으로서는 도저히 하지 못하는 것을 해내는 것이다. 열정과 혁신 정신은 나이가 젊은 창업자일수록 훨씬 더 클 것이다. 대기업에 오래 다니다 보면 대기업에서 필요로 하는 인물은 될 수 있다. 하지만 이런 특징은 스타트업에서 요구되는 것과는 거리가 멀 수 있다. 그리고 일단 대기업에 정착해 승진도 한 상태라면 아마 회사를 나와 창업을 한다는 게 쉬운 일이 아닐 것이다. 학교를 졸업하고 바로 창업을 할 때 느끼는 위험의 정도와 대기업 생활에 익숙해진 장년, 중년이 느끼는 위험의 정도에는 큰 차이가 있을 것이기 때문이다. 그리고 창업자로서 하는 경험이 대기업에서 하는 경험보다 훨씬 더 값질 수 있다. 대기업에서는 분업이 잘 되어 있어서 한정된 경험만 할 수 있는 데 반해 자원이 부족한 스타트업에서는 오히려 폭넓은 경험을 할 수 있기 때문이다.

2장

그 스타트업들은
어떻게 성공했을까?

"와우, 당신들 정말로 바퀴벌레 같은 사람들이군요."
바퀴벌레라는 말은 '어떤 도전에도 죽지 않고 버텨내는 스타트업'이라는
의미가 담긴, 그레이엄이 쓰는 최고의 찬사였다.

———

스타트업의 승패는 실행력에서 결정된다.

브래드 스톤 Brad Stone

사람이 태어나 유년기, 청소년기를 거쳐 성인으로 성장하듯 스타트업 또한 성장 과정을 거친다. 여기서는 성공한 스타트업 에어비앤비의 사례를 통해 창업의 과정을 살펴보겠다.

에어비앤비는 미국 캘리포니아주 샌프란시스코에 본사를 두고 있는 숙박 공유 서비스 업체다. 방이나 집, 별장 등 사람이 머물 수 있는 공간이 있다면 누구나 에어비앤비를 통해 공간을 임대할 수 있다.

/ 에어비앤비의 창업 스토리 /

브라이언 체스키Brian Chesky와 조 게비아Joe Gebbia는 미국 동부에 있는 로드아일랜드 디자인 스쿨Rhode Island School of Design에 다니면서 친구가 되었다. 게비아보다 1년 먼저 졸업을 하게 된 체스키는 2004년 자신의 졸업식 날 게비아에게 말했다.

"우리는 장래에 함께 창업해서 사업을 하게 될 거야."

게비아는 어쩐지 체스키의 말처럼 될 것 같았다고 한다.[2] 1년 후 졸업을 한 게비아는 서부의 샌프란시스코로 왔고, 그때 체스키는 로스앤젤레스에서 일하고 있었다.

2007년 중반, 체스키와 전화 통화를 하던 게비아가 말했다.

"샌프란시스코에서는 정말 생각할 수 있는 모든 일이 벌어지고 있어. 매주 새로운 회사가 생기고 있고, 모든 사람이 창업자야! 샌프란시스코로 와서 같이 사업을 시작하자고!"

체스키가 말했다.

"일주일 후, 나는 가진 것 전부를 1,000달러도 못 받고 팔고 중고 혼다 시빅에 몸을 싣고 샌프란시스코를 향해 운전하기 시작했어요."

게비아와 체스키의 첫 사업

샌프란시스코에서 게비아와 재회해 룸메이트가 된 체스키는 엄청나게 비싼 아파트 임대료에 충격을 받았다. 샌프란시스코는 세계적으로 손꼽히는 아름다운 항구 도시로 다양한 학회가 개최되는 곳이다. 그런데 그때마다 호텔 요금은 엄청나게 올라가고, 그나마도 방을 구할 수 없는 경우가 많았다. 2007년 가을에도 미국 산업 디자인 학회가 열렸는데, 체스키는 자기가 사는 아파트 복도를 지나다가 비어 있는 방을 보고 문득 "이 방을 학회에 참석하는 사람들에게 빌려주면 임대

료를 해결하는 데 도움이 되지 않을까?" 하는 생각이 들었다.[3]

　게비아와 체스키는 사흘 만에 웹 페이지를 만들었다. 과연 올 사람이 있을까 싶었는데 세 사람이 왔고, 손님들에게 에어매트리스와 간단한 아침 식사를 제공하고 900달러를 벌었다. 이 일은 두 사람에게 추가 소득만 가져다준 것이 아니었다. 체스키와 게비아는 손님들과 이야기를 나누며 즐거운 시간을 보냈다. 그리고 그들은 거기서 거대한 기회를 보았다.

　"우리가 사는 아파트의 공간을 임대해 돈을 벌고 새롭게 만나는 사람과 유익한 시간을 갖는다. 이런 일은 전 세계 어느 아파트에서도 벌어질 수 있다.”

공간 임대 사업에서 큰 사업 기회를 엿본 이들은 우선 두 사람의 약점을 보완해 줄 팀을 구축했다. 이들은 필요한 기능을 갖춘 웹사이트를 만들 엔지니어링 기술이 부족했다.

“내가 조(게비아)에게 이런 일을 가장 잘할 엔지니어가 누가 있냐고 물었더니 그는 내가 이곳으로 오기 바로 전까지 자신과 방을 함께 썼던 네이선 블레차르지크Nathan Blecharczyk라고 했어요.”

게비아의 전 룸메이트 네이선 블레차르지크는 하버드대학교에서 컴퓨터과학을 전공했는데, 이미 대학 재학 중에 인터넷 회사를 창업해 학비 전액을 직접 벌어서 해결한 창업자였다.

체스키와 게비아의 사업에 바로 관심이 생긴 블레차르지크는 두 사람과 같이 일하는 데 동의했다.

“저는 두 사람과 두 가지 이유로 같이 일하고 싶었어요. 게비아는 늘 열심히 일하는 친구였죠. 저처럼 주말이나 빈 시간에는 늘 무언가 프로젝트를 했어요. 그게 첫 번째 이유였어요. 두 번째 이유는 두 사람이 가진 강점 때문이었어요. 브라이언(체스키)은 뛰어난 세일즈맨이었고 조(게비아)는 훌륭한 디자이너였는데, 이 두 가지 모두 새로운 웹 비즈니스를 하는 데 중요했고, 내가 하는 일을 보완해줄 수 있다고 생각했어요.”

그렇지만 걱정이 없었던 것은 아니었다.

“제 생각에는 두 사람이 이 사업 기회를 지나치게 크게, 낙관적으로

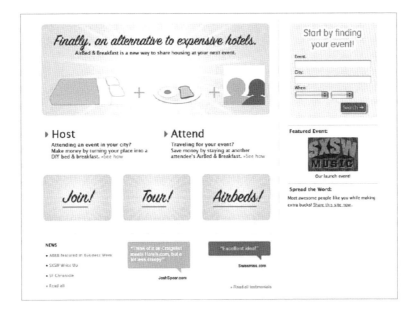

보는 것 같았어요."

한 팀이 된 이들은 곧 텍사스주 오스틴에서 열리는 사우스바이사우스웨스트South by Southwest를 주목했다. 사우스바이사우스웨스트는 해마다 3월에 열리는 음악과 영화 축제로, 15만 명 이상이 참여한다. 블레차르지크는 3주에 걸쳐 새로운 웹사이트를 만들었다.

오스틴에 집을 가지고 있는 사람들 중 방을 임대할 수 있는 경우 웹페이지에 등록하도록 하고, 이들과 방을 빌리고 싶어 하는 사람들을 연결해주면서 일정 비율의 수수료를 받는 것이 이들의 비즈니스 모델이었다. 60개의 방이 등록되었고, 실제로 손님이 와서 묵은 곳은 다섯 곳이었다. 그중 한 손님은 체스키였다.

큰 규모는 아니었지만, 가능성을 본 이들은 2008년 8월에 회사를 설립했다. 창업 당시 〈월스트리트저널〉이나 〈테크크런치TechCrunch〉 같은 매스컴의 주목도 받으면서 다음과 같은 기사가 나기도 했다.

에어베드와 인터넷 덕분에 누구나 여관 주인이 될 수 있게 되었다.[4]

이들이 다음에 주목한 행사는 콜로라도주 덴버에서 2008년 8월에 열린 민주당 전국대회로, 이 대회에서 그해 11월에 열릴 대통령선거의 민주당 후보를 지명하게 된다. 에어비앤비 창업팀은 본격적으로 페이스북, 블로그, 지역 미디어를 통해 홍보를 했고, 그 결과 900개의 숙소가 등록되었다. 20달러에 거실과 에어매트리스만 제공하는 경우부터 하루 3,000달러에 고급 주택 전체를 빌려주는 경우까지 다양했다. 이 중 실제로 사람들이 와서 묵은 것은 50곳 정도였다. 에어비앤비는 집을 이용한 손님에게서 6~12% 정도의 수수료를, 집을 제공하는 사람에게서 3%의 수수료를 받았다. 이때도 역시 보다 개선된 웹 페이지를 만들었다.

이들이 그 다음으로 주목한 행사는 2009년 1월 워싱턴 D.C.에서 개최되는 미국 대통령 취임식이었는데, 200만에서 500만 명이 방문할 것으로 예상되는 행사였다. 이때는 1,000건 이상의 숙소가 등록되었고, 실제로는 그중 150건의 숙소가 이용되었다.

여기까지 회사를 운영해 보니 비즈니스 모델의 문제점이 드러났다. 그림 4에서 보이는 바와 같이 에어비앤비의 웹사이트 방문자 수는 행사가 있을 때만 증가했다가 행사가 끝나면 거의 0이 되었다.[5] 이 사업에서의 재고는 등록된 숙소들인데, 행사가 끝나면 더는 가치가 없어져 버렸다. CEO인 체스키의 말에서 그들의 고민이 잘 드러난다.

"행사가 끝나면 우리는 다시 원점으로 돌아가 다음에는 어떻게 고객들을 끌어모아야 할지 고민해야 했다."

에어비앤비는 투자를 받기 위해 실리콘밸리의 엔젤투자자들을 소개받았으나 그들의 반응은 신통치 않았다. 투자가들은 낯선 사람에게

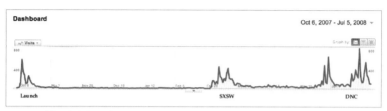

*SXSW: 사우스바이사우스웨스트, DNC: 민주당 전국대회

자기 집을 빌려주거나 낯선 사람의 집에 가서 잠을 자는 것이 별로 좋은 아이디어라고 여기지 않았다. 몇 년 뒤 트위터에 투자해 큰 수익을 냈지만 에이비앤비에는 투자하지 않았던 프레드 윌슨Fred Wilson은 "우리는 많은 투자가가 흔히 하는 실수를 저질렀어요. 에어비앤비의 창업자들이 그 당시 하고 있던 일에만 지나치게 집중하는 바람에 그들이 앞으로 할 수 있고, 하려고 했던 일에는 충분히 집중하지 않았죠"라고 말했다.[6]

에어비앤비 창업자 중 게비아는 그동안 모아두었던 돈을 다 소진했고, 그와 체스키의 카드빚은 계속 늘어나고 있었다.

2008년은 미국 대통령 선거가 있던 해로, 대통령선거 후보 토론회가 열리던 날 체스키와 게비아는 대선 후보들의 얼굴로 디자인을 한 시리얼을 만들어서 팔아보기로 했다. 그들은 민주당 대선 후보인 오바마와 공화당 후보인 매케인의 얼굴을 익살스럽게 그리고, 각각 '오바마 오스Obama O's', '캡틴 매케인스Cap'n McCains'이라는 이름을 붙인 시리얼 상자를 디자인했다. 그리고 슈퍼마켓에서 수십 통의 시리얼을

산 후 준비한 상자에 옮겨 담았다.

시리얼에 대한 반응은 좋아서 '오바마 오'는 사흘 만에 다 팔렸고, 그 덕분에 시리얼 상자의 인쇄비뿐만 아니라 신용카드 빚도 갚을 수 있었다. 시리얼 사업이 당장 성공을 가져다준 것은 아니지만 이 일을 통해 창업자들은 그들의 창조적 사고능력을 보여주었고, 이 일은 머지않아 에어비앤비의 운명을 바꿀 계기가 된다.

이들은 회사에서 버는 돈으로는 생활하기도 힘들어서 회사 문을 닫아야 하나를 심각하게 고려했다. 그때 누군가가 실리콘밸리에 있는 엑셀러레이터accelerator 와이콤비네이터Y Combinator에 들어가 멘토링을 받아볼 것을 권했다.

스타트업의 든든한 지원군, 엑셀러레이터

와이콤비네이터는 실리콘밸리에 생긴 최초의 엑셀러레이터다. 엑셀러레이터는 스타트업이 가지고 있는 아이디어가 실행 가능한 사업이 되도록 지원하는 민간 전문기관 및 기업이다. 이를 위해 멘토링, 훈련, 네트워킹을 제공하고, 비슷한 단계에 있는 창업자들의 커뮤니티도 제공한다. 엑셀러레이터는 스타트업이 성공하기까지 걸리는 시간을 단축하는 가속기 역할을 하는데, 잘 안될 스타트업이라면 빨리 포기하게 하는 것도 그 역할의 일부라고 할 수 있다.

2016년 《포브스》지는 최고의 엑셀러레이터에 와이콤비네이터, 알케미스트Alchemist, 앰플리파이 LAAmplify LA, 엔젤패드Angelpad, 시카고 뉴벤처챌린지Chicago New Venture Challenge, 머커랩MuckerLab, 스타트엑스StartX, 테크스타스Techstars, 500 스타트업스500 Startups 등을 열거했다.

와이콤비네이터의 경우 1년에 두 차례 스타트업을 선정한다. 처음 시작한 2005년에는 여덟 팀으로 시작했는데, 2016년 현재 6,000개가 넘는 스타트업이 응모했고 그중 100팀 정도를 선정했다. 와이콤비네이터는 12만 달러를 투자하고 6%의 지분을 받는다. 에어비앤비 시절에는 2만 달러를 투자받았다.

엑셀러레이터에 따라 사무실 공간을 제공하는 곳도 있으나 와이콤비네이터는 사무실을 제공하지 않는다. 매주 월요일 저녁을 같이하며 팀별로 돌아가면서 진행 상황을 발표하고, 일론 머스크Elon Musk나 마크 주커버그Mark Zukeburg 같은 성공한 창업자들을 초청해 강연을 듣기도 한다.

와이콤비네이터에는 열두 명의 멘토가 있다. 그리고 12주간의 엑셀러레이션acceleration 기간이 끝날 때쯤이면 졸업하는 스타트업 팀들이 투자가들 앞에서 회사를 소개하는 데모데이demo day를 개최한다. 엑셀러레이션 기간 동안 가다듬은 사업 모델을 청중들에게 알림으로써 투자유치를 하는 것이다. 이 데모데이에는 아무나 참석할 수 있는 것이 아니고 와이콤비네이터가 엄격하게 선정한 450명 정도의 벤처캐피털, 엔젤투자자 들로 구성된다. 즉, 와이콤비네이터의 액셀러레이션 프로그램을 거치면 실리콘밸리 최고의 투자가들이 모인 자리에서 회사 소개를 하는 엄청난 기회를 가질 수 있는 것이다.

와이콤비네이터와의 만남

에어비앤비 창업자들은 와이콤비네이터 엑셀러레이션 프로그램에 신청했고, 인터뷰에 초청을 받았다. 돈이 떨어진 그들은 더 버틸 수 없는 상황이었다. 그러나 인터뷰는 순조롭게 진행되지 않았고, 와이콤비네이터의 공동 창업자인 폴 그레이엄Paul Graham은 숙박 공유 개념에 대해 회의적인 반응을 보였다. 인터뷰가 끝나갈 때쯤 게비아는 가지고 갔던 두 개의 시리얼 상자를 그레이엄에게 보여주었다. 그리고 샌프란시스코에서 처음 세 명의 손님을 받았을 때부터 시리얼 상자를 만들기까지 파란만장했던 이야기들을 털어놓았다. 게비아의 이야기를 들은 폴 그레이엄은 "와우, 당신들 정말로 바퀴벌레 같은 사람들이군요"라고 말했다.[7] 바퀴벌레라는 말은 '어떤 도전에도 죽지 않고 버텨내는 스타트업'이라는 의미가 담긴, 그레이엄이 쓰는 최고의 찬사였다. 이런 곡절 끝에 에어비앤비는 와이콤비네이터의 엑셀러레이션 프로그램에 합류하게 되었다.

에어비앤비는 이 기간 동안 비즈니스 모델을 많이 손보게 된다. 성공적인 사업이라면 한 계단 밟고 위로 올라간 후 그 계단을 딛고 다시 위로 올라가게 되는데, 에어비앤비의 경우는 행사가 끝나면 사업의 관성을 잃고 가장 아래 계단으로 내려가 0에서 다시 시작해야 한다는 문제가 있었다. 그리고 많은 사람이 자신의 집을 모르는 사람에게 빌려주거나 모르는 사람의 집에 묵는 데 대해 저항감을 느끼는 것도 큰 문제였다.

에어비앤비가 이런 어려움을 겪고 있을 때도 여행 목적으로 제공되는 숙소와 숙소 이용자는 꾸준히 증가하고 있었다. 그리고 월 한두 건에 불과한 다른 도시에 비해 뉴욕에는 매달 마흔 건 이상의 숙소가 꾸준히 등록되었고, 이용 건수도 열다섯 건 정도로 유지되고 있었다. 그리고 고화질의 사진이 제공되어 숙소의 상황을 알 수 있게 한 경우에는 숙소 이용 빈도가 두세 배 높았다.

이런 상황을 보면 에어비앤비의 비즈니스 모델에 관해 다음과 같은 질문을 하지 않을 수 없다. 에어비앤비의 비즈니스 모델을 애초대로 행사로 설정하고 갈 것인지, 아니면 여행객을 목표로 할 것인지 말이다. 그리고 만약 여행을 비즈니스 모델로 피벗한다면 미국 전역에서 고르게 유기적 성장을 하는 게 좋을지, 아니면 한 도시를 목표로 삼아 사업을 정착시키고 나서 다른 도시로 옮겨가는 도시별 공략 모델 방식으로 가는 게 좋을지 말이다.

폴 그레이엄은 와이콤비네이터의 멘토가 가장 많이 하는 조언은 "밖에 나가서 고객이나 사용자와 이야기해 보시게"라는 말이라고 했다. 에어비앤비 창업팀은 와이콤비네이터로부터 투자받은 자금을 들고 뉴욕으로 향했다. 뉴욕에서 세 사람은 숙소를 등록한 사람들을 만났고, 고객들이 숙소를 더 잘 사용하게 하기 위해 에어비앤비가 해야 할 일에 대해 많은 논의를 했다.

창업팀은 주말마다 뉴욕으로 가서 등록된 숙소를 고화질의 카메라로 찍고, 숙소를 표현하는 문구를 만들었다. 그리고 고객이 이용한 숙소에 대해 직접 평을 달 수 있게 했다. 이를 통해 모르는 사람의 집에 묵는 데 대한 불안감, 거부감을 많이 해소할 수 있었다. 창업팀은 뉴욕에서의 활동을 통해 에어비앤비에 등록되는 숙소를 표현하는 표준 문구를 정립했고, 뉴욕에서 충분한 양의 질 높은 숙소를 확보할 수 있었다.

에어비앤비는 와이콤비네이터의 엑셀러레이션 기간 동안 '행사'에서 '여행'으로, '미국 전 지역에서의 유기적 성장'에서 '도시별 공략'으로 중요한 비즈니스 모델을 피벗하였다. 에이비앤비가 비즈니스 모델을 전환할 수 있었던 것은 회사 사무실에서 이루어진 것이 아니라 현장에 찾아가 고객, 사용자의 생생한 목소리를 들었기에 가능했다는 사실을 잊지 말자.

세쿼이아캐피털의 투자 제안

와이콤비네이터에서는 엑셀러레이션 기간 중 참여하는 창업자들이 매주 월요일 저녁 식사를 같이 한다. 여기에 참여한 스타트업들은 돌아가면서 그동안 자신들이 얼마나 발전했는지에 대해 발표를 한다. 이때 새롭게 발전한 부분을 보여줘야 하기 때문에 더 열심히 할 수밖에 없다고 하는 스타트업들이 많았다.

와이콤비네이터 같은 유명한 엑셀러레이터에서는 투자가들을 비교적 쉽게 만날 수 있다는 장점이 있다. 실리콘밸리에서 가장 유명한 벤처캐피털 중 하나인 세쿼이아캐피털Sequoia Capital이 에어비앤비의 눈에 띄는 발전에 반응을 보였다. 에어비앤비에 투자를 하겠다고 제안한 것이다. 61만 달러를 투자하고 20%의 지분을 받는다는 조건이었는데, 그들이 내건 제일 중요한 조건은, 에어비앤비가 이 투자 제의를 받을지 말지를 데모데이 시작 전에 결정해야 한다는 것이었다.[8]

그렇다면 세쿼이아캐피털은 왜 데모데이 전에 결정하라는 조건을 내걸었을까? 앞에서 말한 것처럼 와이콤비네이터의 데모데이는 실리콘밸리 최고의 투자가 450명을 초대해 개최한다는 사실을 잊지 말자. 세쿼이아캐피털은 에어비앤비가 데모데이에서 발표를 마치면 많은 투자가들이 관심을 보일 것이고, 투자가들 사이에서 경쟁이 벌어져 에어비앤비의 회사 가치가 올라가게 될 것으로 봤다. 그러면 세쿼이아캐피털 같은 투자가는 좋은 조건으로 투자하기가 힘들어질 수 있다.

실리콘밸리에서 세쿼이아캐피털이 투자를 제안하면 그 제안을 거부할 만한 스타트업은 거의 없을 정도로 세쿼이아캐피털의 명성은 대단하다. 그래서 세쿼이아캐피털은 그 명성을 활용해 다른 투자가에 앞서 에어비앤비에 투자 조건을 제시했고, 그에 대한 수락 여부를 데모데이에 참석한 다른 투자가들이 에어비앤비에 대해 알기 전인 데모데이 전이라고 못 박는 전략을 쓴 것이다.

세쿼이아캐피털이 제시한 조건에 의하면 61만 달러를 투자해 에어비앤비 지분의 20%를 가지게 되므로 에어비앤비의 가치는 '61만 달러 ÷0.2 = 305만 달러'이다. 이를 '투자 후 가치post-money valuation'라고 부른다. 투자 받기 전 회사의 가치는 투자 금액만큼 적으므로 '305만 달러 − 61만 달러 = 244만 달러'가 된다. 이를 '투자 전 가치pre-money valuation'라고 한다.

여러분 같으면 세쿼이아캐피털의 제안을 어떻게 받아들일 것 같은가? 그 판단을 하기 위해 우선 세쿼이아캐피털이 제시한 조건의 장단점을 살펴보자.

장점은 세쿼이아캐피털의 명성, 네트워크, 경험이 앞으로 스타트업의 사업이 발전하는 데 도움이 되리라는 것이다. 한편 데모데이 때 지난 12주간의 발전에 대해 발표하면 아마도 많은 투자가가 관심을 보일 것이고, 투자 전 가치가 더 높게 나올 가능성이 있다. 따라서 같은 지분율에 더욱 많은 자금을 유치할 수 있거나 지분을 적게 주고도 세쿼이아캐피털이 제시한 것과 같은 투자금을 받을 수 있을 것이다. 그러므로 세쿼이아캐피털이 제시한 투자 금액이나 지분율이 최고의 조건은 아니라는 것이 이 조건의 단점이다.

내가 이 문제를 강의에서 다뤘을 때, 수업에 참여한 대부분의 학생이 세쿼이아캐피털의 제안을 받아들이지 않고 데모데이 때 회사의 가치를 높여 지분을 적게 주고 더 많은 투자금을 받겠다고 답했다. 창업과 관련된 많은 상황에 정답은 없다. 그러나 내가 에어비앤비의 CEO였다면 세쿼이아캐피털의 제안을 받아들였을 것이다.

우리가 쓰는 현금 만 원은 모두 똑같은 가치를 지닌다. 그래서 그 질에는 차이가 없다. 그러나 투자금은 돈의 질이 반드시 같지는 않다는 점에 유의하자. 즉, '세쿼이아캐피털이 투자한 스타트업'이라는 꼬리표가 붙는 것만으로도 회사의 명성과 가치가 상당히 높아져 사업에 큰 도움이 된다는 말이다. 그리고 세쿼이아캐피털에서 일하는 파트너들은 풍부한 경험과 식견, 네트워크를 가지고 있기 때문에 직간접적으로 스타트업에 도움을 주고, 중요한 결정에 직면했을 때 의미 있는 조언을 해줄 수 있을 것이다. 만약 세쿼이아캐피털이 제시하는 회사의 가치가 상대적으로 낮다면 이는 세쿼이아캐피털에서 받는 1달러가 다른 평범한 벤처캐피털의 1달러에 비해 훨씬 양질의 돈이기 때문이라고 생각할 수 있다.

창업자들은 흔히 투자를 받는 조건으로 건네는 지분에 대해 과도하게 방어적이다. 그러나 스타트업이 목표로 한 성공에 도달하는 데 있어서 가장 중요한 수단 중 하나가 지분임을 잊지 말아야 할 것이다.

'세쿼이아캐피털에서 겨우 61만 달러를 받고 지분을 20%나 주는 것'
이 아니라 '세쿼이아캐피털이라는 실리콘밸리 최고의 벤처캐피털에
서 투자를 받고도 내 지분이 80%나 된다'고 생각하면 어떨까!

에어비앤비의 창업자들은 세쿼이아캐피털의 제안을 받아들였다.
그 후 엄청난 성공의 길을 걸어 2017년 현재 191개국 65,000개 도시
에서 300만 개의 숙소를 운영하고 있고, 회사 가치는 310억 달러에 달
한다.

에어비앤비의 창업, 성장 과정을 통해 아이디어가 어떻게 사업으로
발전하는지의 과정을 살펴보았다. 이들은 서로 다른 강점을 가진 사
람들을 모아 창업팀을 구성했고, 결함이 있는 비즈니스 모델 때문에
회사가 위기에 빠졌을 때 와이콤비네이터에서 엑셀러레이션을 거치
면서 비즈니스 모델을 피벗하였다. 창업팀은 현장에 나가 고객, 사용
자의 생생한 목소리를 들었기에 이런 피벗이 가능할 수 있었다.

사람들은 모르는 사람에게 자신의 안방을 빌려주고, 모르는 사람
집에 가서 묵는다는 발상이 형편없는 아이디어라고 비웃었지만, 에어
비앤비 창업자들은 멘토의 조언과 고객과 시장의 목소리를 새겨들었
고, 끈기 있게 희망을 품고 사업을 전개해 나갔다. 여기서 창업자의 실
천력이 얼마나 중요한지를 알 수 있다.

에어비앤비는 더욱 유리한 조건의 투자금이나 지분율을 제시하는
다른 투자가의 투자를 유치할 수도 있었으나 세쿼이아캐피털이라는
실리콘밸리의 대표적 벤처캐피털의 투자를 유치했다. 이는 세쿼이아

캐피털의 명성, 네트워크, 경험을 고려한 현명한 전략적 판단이었다고 할 수 있다.

플랫폼 비즈니스 회사들의 성장

에어비앤비는 전형적인 플랫폼 비즈니스platform business 모델이다. 플랫폼 비즈니스 모델은 회사가 장을 펼쳐놓으면 서비스나 물품이 필요한 측과 공급하는 측이 맺어져서 경제활동이 이루어지는 것이 특징이다. 에어비앤비는 방이나 집을 빌려주려는 사람들과 거기에 묵으려는 사람들을 연결해주는 사업이다. 이런 사업을 하는 또 다른 업체로 우버를 들 수 있는데, 차를 타고 어딘가로 가야 할 사람과 자신의 차를 운전해서 수입을 내고 싶은 사람을 연결해주는 서비스다. 플랫폼 비즈니스 모델로 에어비앤비는 호텔 없이 세계 최대의 호텔 체인이 될 수 있었고, 우버는 택시 한 대 없이 세계 최대의 택시 회사가 될 수 있었다.

플랫폼 비즈니스 회사 중에서도 에어비앤비와 우버는 서비스 플랫폼이고, 상품 플랫폼으로는 아마존, 이베이가 있다. 소셜네트워킹 플랫폼에는 페이스북, 링크드인Linkedin이 있고, 커뮤니케이션 플랫폼에는 스카이프Skype, 카카오톡, 와츠앱WhatsApp 등이 있다. 그리고 콘텐츠 플랫폼으로는 유튜브, 인스타그램이 있다. 지난 20여 년간 괄목할 만한 성장을 이룬 회사 중에는 플랫폼 비즈니스 모델을 기반으로 하는 회사가 많다. 플랫폼 비즈니스 모델이 성공적으로 정착하려면 공급자와 수요자의 규모가 커야 하고, 그들이 효율적으로 맺어져야 한다. 여기에 인터넷 기술이 크게 이바지했다는 것은 모두가 아는 사실이다.

/ 리디스테크놀로지의 창업 스토리 /

나는 반도체 회사인 대기업에서 마지막으로 디스플레이 드라이버라는 제품의 책임자로 일했다. 디스플레이 드라이버(이하, '드라이버')는 휴대폰이나 액정 TV같이 디스플레이가 있는 전자기기에서 디스플레이가 제대로 작동되도록 하는 반도체 제품이다. 스마트폰에는 일반적으로 한 개의 드라이버가 들어가고, 액정 TV에는 여러 개가 들어간다.

이전에는 기술이나 제품 개발 업무만 했던 나는 이 부서에서 제품 개발부터 영업·마케팅까지 제품에 관한 모든 일을 책임지게 되었고, 이 과정에서 사업 단위의 일을 처음으로 경험했다. 이 업무를 3년 정도 했는데, 그동안 사업부의 매출이 크게 성장하고 흑자를 기록하면서 좋은 성과를 내게 되었다.

이때 얻은 가장 값진 교훈은 현장에 가서 고객의 생생한 소리를 듣는 것이 가장 중요하다는 사실이었다. 유럽과 미국, 아시아 등 전 세계를 돌아다니며 고객들을 만나 이야기를 나누고 그들의 이야기를 경청하는 동안 시장의 흐름이 보였고, 어떤 전략으로 사업을 하면 되겠다는 판단이 섰다. 그리고 많은 경우 그렇게 내린 판단이 옳았다는 것을 확인하게 되면서 사업에 대한 자신감도 생기기 시작했다. 개인적으로 예전에는 엔지니어로서 새로운 기술과 제품 개발을 즐겁게 했지만, 사업을 해보니 개발 단계에서 느꼈던 즐거움과는 다른 흥미를 느낄 수 있었다. 그래서 창업에 대해 생각하기 시작했다.

당시에는 전 세계 주요 휴대폰 회사들 대부분이 일본의 한 회사에서 휴대폰용 디스플레이 드라이버를 공급받고 있었다. 이 일본 회사는 표준 제품을 몇 가지 준비해놓고 고객 회사가 선택하게끔 했는데, 그러다 보니 서로 경쟁 관계에 있는 회사들이 같은 부품을 써서 휴대폰 디스플레이를 구현하는 일도 흔히 벌어졌다. 당시에는 새로운 휴대폰 모델이 평균 6개월마다 출시되었는데, 만약 새로운 드라이버를 개발해 차별화된 휴대폰 디스플레이를 구현한다 해도 반도체 개발에 보통 1년 이상이 걸리는 문제가 있었다. 또한 당시에는 휴대폰 디스플레이가 흑백이었는데, TV처럼 조만간 컬러로 전환될 것으로 예상했다. 이런 시장 상황에서 내가 구상한 스타트업 아이디어는 다음과 같았다.

여러 종류의 드라이버 중 휴대폰용 드라이버로 사업 분야를 특화하고, 그중에서도 컬러 디스플레이 드라이버만 개발한다. 그리고 그동안 전 세계 휴대폰 회사들에 휴대폰용 드라이버를 공급하던 일본 회사와 달리, 고객인 휴대폰 회사가 원하는 대로 주문형 제품을 만들어 제공함으로써 고객 회사가 휴대폰용 드라이버를 차별화할 수 있게 돕는다. 아무리 주문형 제품이라도 개발하는 데 1, 2년씩 걸려서는 빠르게 진화하는 휴대폰 시장에서 살아남을 수 없다. 따라서 드라이버를 개발하는 데 혁신을 도입해 휴대폰 출시 사이클과 맞게 6개월 이내에 개발한다.

이 같은 아이디어를 바탕으로 나는 리디스테크놀로지Leadis Technology를 창업했다. 개발 엔지니어들은 한국에 있었지만 전 세계의 고객을 목표로 하고 더욱 쉽게 투자를 받기 위해 실리콘밸리에 본사를 두었다.

창업 후 회사 개발팀은 컬러 디스플레이에 필요한 기술을 개발하기 시작했고, 나는 고객이 우리에게 개발부터 의뢰하는 주문형 제품을 개발·생산하기로 목표를 정하고 고객을 만나기 위해 전 세계로 돌아다녔다. 주문형 사업은 고객이 원하지 않는 제품을 만들 위험이 거의 없고, 공급자 간의 경쟁도 줄어들기 때문에 스타트업에 적합한 비즈니스 모델이라고 생각했다. 쉽지 않았지만 1년 정도 후에 캐나다의 리서치 인 모션Research In Motion(이하, 'RIM')과 주문형 디스플레이 제작에 관한 논의가 시작되었다. 지금은 애플의 아이폰에 의해 밀려났지만, 이 회사에서 출시한 블랙베리는 크게 히트하며 한 시대를 장식했었다. 우리 회사가 RIM과 처음 접촉했을 때 RIM은 블랙베리로 막 성장하고 있었다. 그때 블랙베리의 디스플레이는 흑백이었는데, 화면의 질을 높일 방법을 고민하던 중 우리 팀을 만났고, 두 차례의 미팅 후 RIM은 우리를 신뢰하기 시작했다. 아마도 우리 회사의 기술 수준이 뛰어나다고 느꼈고, 엔지니어 출신의 CEO와 CTOChief Technology Officer(최고기술관리임원)가 보여준 솔직함과 성실함도 매력으로 작용했던 것 같다. RIM은 우리에게 단순히 검은색과 흰색만이 아니라 짙은 회색과 옅은 회색이 표현되는 회색 계조 디스플레이용 드라이버 세트 개발을 의뢰했고, 개발비로 총 50만 달러를 지급하는 계약을 맺었다. 회색 계조 디스플레이는 컬러 디스플레이 전 단계의 기술로, RIM의 디스플레이 개발책임자는 회사 역사상 처음으로 많은 돈을 투자해 주문형 반도체를 개발하는 것이라고 이야기했다.

당시로써는 비교적 난도가 있는 기술이어서 반도체 하나로는 구현되지 않아 세 가지 다른 제품을 개발해야 했다. 그리고 이 기술이 완성되면 컬러 디스플레이에도 적용할 수 있는 이점이 있었다.

세 가지 반도체 설계가 거의 끝나 타이완에 있는 파운드리(설계도를 가져가면 반도체를 만들어주는 공장)를 접촉하기 시작할 무렵, 청천벽력 같은 소식이 들려왔다. RIM의 마케팅 상품기획 부서에서 RIM의 다음 세대 블랙베리에 회색 계조 디스플레이를 채택하지 않고 바로 컬러 디스플레이로 가기로 했다는 소식이었다. 그리고 디스플레이 패널과 드라이버는 모두 일본의 소니가 공급하기로 되어서 미안하지만 프로젝트를 취소하고 싶다는 것이었다. 6개월 이상 회사의 모든 역량을 쏟아부었던 프로젝트는 이렇게 허망하게 취소되었다.

실망은 컸고, 창업한 이후 심리적으로 가장 깊은 나락으로 떨어졌던 것 같다. 그나마 다행인 것은 비용이 많이 드는 시작품試作品 제작은 아직 하지 않아서 구매할 고객이 없는 제품을 만들지는 않았다는 것이다. RIM과 협상을 거쳐 애초 개발비의 70% 정도를 지급받는 선에서 계약을 마무리 지었다. 당시에는 많이 실망했지만 불과 몇 달 후에 전화위복의 기회가 찾아왔다.

나는 누구보다도 실망이 컸을 엔지니어들에게 RIM이라는 세계적인 회사가 우리에게 보인 신뢰, 거금을 들여 개발을 의뢰한 것을 자랑스럽게 생각해야 한다고 했고, 돈을 받아가면서 우리의 최종 목표인 컬러 디스플레이에 쓰일 기술을 개발할 수 있었으니 그게 어디냐며 위로했다.

대기업에 다니면서 만들어놓았던 인적 네트워크는 창업 후에 큰 도움이 되었다. 대기업 시절부터 친하게 지낸 PMDSPhilips Mobile Display System 사의 사업부장은 서로 협력도 많이 했지만 심각한 갈등을 겪기도 하면서 미운 정 고운 정이 든 친구였다. PMDS는 네덜란드 필립스의 계열사로, 휴대폰용 디스플레이 모듈을 만드는 회사다. 디스플레이 모듈이란, 액정 화면과 드라이버와 기타 부품이 모두 조립되어 있어서 휴대폰에 부착하면 바로 화면이 구동되게 하는, 휴대폰을 구성하는 주요 모듈 중 하나다. 창업 초기에 찾아가 같이 식사를 하며 앞으로 새 프로젝트가 있으면 꼭 나와 우리 회사를 고려해 달라고 부탁했고, 그도 그러겠다고 했지만 1년 가까이 아무 소식이 없었다. 그런데 RIM 프로젝트가 아쉽게 끝나고 나서 한 달쯤 지났을 무렵, 그에게서 정말 오랜만에 이메일이 왔다. 긴히 논의할 일이 있으니 네덜란드로 와줄 수 있겠냐는 것이었다.

나는 그가 이야기한 날짜에 맞춰서 네덜란드로 날아갔다. PMDS에 도착해서 보니 PMDS에 모듈 부품을 공급하는 다른 회사의 관계자들도 와 있었다. PMDS의 중요한 프로젝트에 관해 논의하는 자리였다. 당시 휴대폰 업계에서 1위를 달리고 있던 핀란드 기업 노키아가 생산량이 제일 많은 보급형 휴대폰의 디스플레이 전체를 흑백에서 컬러로 전환하기로 하고 그 프로젝트를 진행하기 위해 마련한 자리였던 것이다. 워낙 규모가 큰 프로젝트였기 때문에 노키아는 당시 세계 3대 디스플레이 모듈 회사였던 일본의 엡손Epson, 한국의 삼성 SDI, 그리고 PMDS에 참여를 요청했다. 그리고 개발을 빨리 하는 회사일수록 공급 점유율을 높게 책정하는 경쟁 구도의 프로젝트였다. 드라이버 회사는 필립스 반도체와 리디스테크놀로지, 두 회사가 초대받아 와 있었다.

반도체를 개발하는 데 6개월의 시간이 주어졌는데, 나는 미팅이 끝나자마자 우리 회사 개발팀에 전화와 이메일로 연락해 당장 개발을 시작하라고 얘기했다. 이 일은 우리 회사에 전화위복의 기회가 되었다. RIM 프로젝트 진행 시 개발해 놓은 설계를 노키아 프로젝트에 상당 부분 적용한 것이다. 귀국 후 나는 엔지니어들을 불러서 이렇게 이야기했다.

"우리가 예상하고 준비해 왔던 휴대폰의 컬러화가 눈앞으로 다가왔습니다. 앞으로도 지금보다 더 큰 기회는 아마도 없을 겁니다. 그러니 우리는 이 기회를 절대로 놓쳐서는 안 됩니다. 반도체를 개발하는 데 6개월의 시간이 주어졌지만 경쟁 상대인 대기업처럼 주어진 시간을 다 쓴다면 고객은 우리의 제품을 채택하지 않고 지명도가 있는 대기업의 제품을 선택할 거예요. 그러니 주어진 시간의 절반인 3개월 안에 만들어내도록 합시다."

그로부터 9주 후, 나는 인천공항에서 타이완에서 돌아오는 우리 회사의 엔지니어를 기다리고 있었다. 그 엔지니어는 타이완의 파운드리에서 만든 우리의 첫 번째 드라이버 샘플을 가지고 오는 중이었다. 그리고 나는 그 엔지니어에게서 드라이버 샘플을 받아 도쿄로 가는 비행기에 몸을 실었다. 우리 드라이버 샘플을 일본에 있는 액정 회사에 가지고 가서 디스플레이 모듈에 조립하기 위해서였다. 다음 날 조립된 디스플레이 모듈을 가지고 귀국하려는 내게 일본 액정 회사의 사업본부장은 "당신은 세계에서 가장 비싼 배달부"라는 농담을 던졌다.

회사로 돌아와 디스플레이 모듈을 엔지니어에게 전하고 30분도 채 지나지 않았을 때, 그 엔지니어가 다급히 나를 찾았다. "사장님, 빨리 여기로 와 보세요." 실험실로 가 보니, 방금 일본에서 들고 온 액정 모듈에 선명한 색상의 그림이 띄워져 있는 게 아닌가! 간신히 흥분을 가라앉히고 사진을 찍어서 네덜란드의 PMDS에 이메일을 보냈다. 이메일에는 액정 모듈 사진과 함께 느낌표만 열 개쯤 찍어 넣었던 것 같다.

메일을 보낸 지 5분도 채 되지 않아서 답장이 쏟아져 들어왔다. "말도 안 돼요. 이거 정말이에요?", "농담이죠? 사진 포토샵 한 거죠?",

"모듈을 빨리 네덜란드로 보내주세요."

며칠 후 모듈을 받고 디스플레이를 보고 나서야 비로소 믿기 시작한 필립스의 프로젝트 책임자가 이메일에 쓴 글이 아직도 기억난다.

"우리 네덜란드 속담에 '하루가 완전히 끝날 때까지 오늘 하루 정말 좋았었다고 하지 말라'라는 말이 있어요. 그래도 이 해 돋는 정경은 정말로 찬란하다고 하지 않을 수 없네요!"

이렇게 우리 개발팀은 컬러 드라이버를 불과 9주 만에 개발해냈다.

디스플레이 모듈 샘플들은 바로 노키아로 보내졌고, 대량생산을 위한 매우 까다로운 시험에 돌입했다. 경쟁 회사들은 아직 반도체 설계도 끝나지 않은 상태였다. 이후 6개월 이상의 매우 까다로운 검사를 거쳐 양산 적합 판정이 났고, 컬러 화면을 장착한 노키아의 보급형 전화기가 성공적으로 시장에 소개되었다.

노키아는 이 프로젝트의 성공을 축하하는 자리를 마련하고 부품 공급 파트너사들을 초대했다. 그 자리에서 노키아의 CEO는 인사말을 하면서 다음과 같이 말했다.

"이번과 같은 대형 프로젝트를 진행하면 거의 매번 부품 개발 지연 등 전체 프로젝트가 지연되는 일이 생겨 애를 먹곤 했습니다. 그런데 이번에는 핵심 부품을 담당한 한 회사가 계획보다 무려 3개월 이상 빨리 개발을 성공시켜서 보급형 컬러폰을 한 분기 더 빨리 시장에 내놓을 수 있게 되었습니다. 이 자리를 빌려 그 회사에 특별히 감사의 인사를 드립니다."

그 회사가 바로 리디스테크놀로지였다.

노키아에 드라이버 공급을 시작한 첫 분기부터 회사는 흑자를 내기 시작했다. 매출은 급격히 증가해 그해에만 8,000만 달러를 기록했다. 그다음 해에는 노키아에 공급하는 드라이버 양이 더 늘었고, 다른 고객과도 거래를 시작하면서 1억 5,000만 달러의 매출을 올렸고, 나스닥에도 상장하게 되었다.

3장

사업 아이디어에서
비즈니스 모델까지

대다수의 사람이 이렇게 머리에 떠오른 아이디어를 그냥 지나치지만
소수의 예외적인 사람들은 떠오른 아이디어를 실현하려고 노력한다.
바로 이런 사람들이 창업자다.

———

아이디어는 별것 아니다. 실행이 전부다.

존 도어 John Doerr

/ 스타트업의 출발선, 아이디어 /

스타트업은 고객의 '문제'로부터 시작한다. 고객의 문제는 고객의 '아픔'이나 '필요'라고도 부른다. 즉, 스타트업은 창업자가 열정을 가지고 아이디어를 실현함으로써 고객의 문제를 해결해가는 과정이라고 할 수 있다. 스타트업의 핵심 요소는 아이디어를 발전시켜서 얻는 '비즈니스 모델'과 그 비즈니스 모델을 실현해가는 '창업자'다.

누구나 한 번쯤은 스타트업 성공 사례를 들으며 "저건 나도 생각했던 아이디어인데…"라고 생각했던 경험이 있을 것이다. 아이디어는 매일같이 머릿속에 떠올랐다 사라지는 것으로, 그 자체만으로는 별가치가 없다. 대다수의 사람이 이렇게 머리에 떠오른 아이디어를 그냥 지나치지만 소수의 예외적인 사람들은 떠오른 아이디어를 실현하려고 노력한다. 바로 이런 사람들이 창업자다.

실리콘밸리의 저명한 벤처투자가 존 도어는 "아이디어는 별것 아니다. 실행이 전부다. 성공을 위해서는 팀이 있어야 한다"라고 했다. 투자가는 아이니어에 투자하는 것이 아니고 아이디어를 실현할 사람(팀)에게 투자한다. 즉, 다음과 같은 공식이 성립한다.

아이디어 × 실행 = 성공의 기회

아이디어에서 출발해 성공에 이르려면, 다음과 같은 과정을 거쳐야 한다.

- 고객의 문제를 찾아내고
- 그 문제의 해결책을 마련해
- 가치 제안을 바탕으로 비즈니스 모델을 만들고
- 제품이나 서비스를 개발해
- 제품(서비스)을 원하는 고객층에게 제공한다.

이 과정이 바로 창업의 과정이다.

/ 사업 아이디어는 어떻게 찾는가? /

이제 사업 아이디어를 어떻게 생각해내는지 알아보자.

팀이 아이디어를 내기 위해 브레인스토밍을 할 때는 우선 진행자를 뽑는다. 진행자는 브레인스토밍을 하는 동안 참여자들이 초점에서 벗어나지 않도록 방향을 잡아줘야 한다. 그리고 정해진 시간 안에 무엇을 얻어낼 것인지에 대해, 즉 목표를 명확히 해야 한다.

브레인스토밍 회의에서는 붙이는 메모지, 즉 포스트잇이 아주 유용하다. 한 장의 포스트잇에는 한 개의 아이디어를 쓴다. 메모할 때는 매직펜을 써서 포스트잇 한 장에 많은 글자를 쓸 수 없게 한다. 다시 말해서 아이디어는 간단하게 표현할 수 있어야 한다. 포스트잇을 이용하면 쉽게 위치를 바꿀 수 있으므로 아이디어를 정렬하거나 여러 아이디어를 병합할 때 편리하게 할 수 있다.

회의 초반에는 참여자들이 아이디어를 내는 데 소극적일 수 있으므로 진행자가 아이디어를 내도록 유도할 필요가 있다. 그리고 이때는 질보다 양을 우선하고, 어떤 아이디어도 환영해야 한다. "이 아이디어는 이래서 안 돼, 저래서 안 돼" 하는 식으로 말함으로써 참여자들이 아이디어 내기를 망설이게 하지 않는다. 나온 아이디어에 대해 곧바로 비판하기 시작하면 참여자들이 입을 닫을 수도 있다. 그리고 그저 그런 아이디어나 실현 불가능한 아이디어일지라도 다른 사람들이 이를 바탕으로 더 좋은 아이디어를 낼 수도 있다.

많은 아이디어가 모였다면 이제는 범위를 좁혀가면서 아이디어를 발전시킨다. 우선 비슷한 아이디어들을 한데 모으고, 나와 있는 아이디어를 바탕으로 너 발선된 새 아이디어를 만들어내거나 두세 개의 아이디어를 합하고 거기에 새로운 생각을 담아서 새 아이디어를 만들어낼 수 있는지를 본다. 처음에는 모든 아이디어를 환영했으나, 이 단계에서는 범위를 좁혀가는 단계이므로 실현 가능성이 적거나 결함이 있는 아이디어들은 제외한다. 여기서 진행자의 역할이 중요한데, 아이디어를 낸 사람이 서운해 하지 않도록 상황을 잘 정리할 필요가 있다.

브레인스토밍 회의를 할 때 주의할 점이 있는데, 회의 참석자들이 집단적 사고에 빠지면 안 된다는 것이다. 집단적 사고에 빠지게 되면 정말 뛰어난 아이디어보다는 모두가 싫어하지 않는 무난하지만 평범한 아이디어가 결과물로 채택될 수도 있다. 따라서 참석자들이 집단적 사고에 빠지지 않도록 하는 것도 진행자의 중요한 역할이다.

아이디어의 범위를 좁혀가면서 각 아이디어의 이점을 검토하고 아이디어를 더 발전시키는 과정에서 진행자는 참석자들이 적극적으로 참여하도록 유도해야 한다. 그림 6은 아이디어의 실현 가능성을 개념적으로 나타내고 있다. 그림의 타원 안쪽을 실현 가능한 아이디어 영역이라고 한다면 타원의 한가운데 있는 아이디어는 실현 가능성은 높으나 참신성이 떨어진다고 할 수 있다. 이런 아이디어를 실현하기 위해서는 실현 가능한 아이디어 영역과 실현 불가능한 아이디어 영역의 경계 근처로 몰아붙이고, 참신하고 도전적이지만 실현하기 힘든, 타

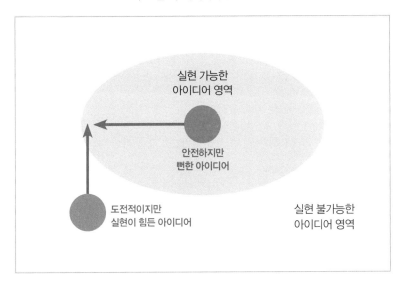

원 밖에 있는 아이디어는 타원 안쪽으로 들여보낸다. 이때 진행자는 참석자 모두가 참여하도록 해야 한다.

좋은 아이디어가 두세 가지 도출되면 회의를 마무리해도 좋겠다. 이 아이디어들을 더욱 발전시켜서 가치 제안, 사업계획을 세운다. 그리고 고객 인터뷰를 거쳐 최종적인 사업 아이디어를 정한다.

/ 고객에게 제공할 수 있는 가치는 무엇인가? /

가치 제안은 고객의 문제와 아픔을 해결해 주고, 필요를 충족시켜주는 제품·서비스·경험을 제공하는 것을 말한다. 즉, "우리는 남들은 못하는 ○○한 가치를 제공합니다"라는 식의 고객에 대한 약속을 가치 제안이라고 한다. 고객이 스타트업의 가치 제안에 공감할 때 스타트업은 경제적으로 의미 있는 사업을 하게 된다.

가치 제안과 관련해 스타트업이 가져야 할 질문은 '어떻게 경쟁 상대보다 확실하게 더 뛰어난 가치를 만들고 제공하는가?'이다. 이 질문은 필요Needs, 해결 방식Approach, 혜택Benefit, 경쟁Competition의 네 가지 관점에서 생각해 볼 수 있는데, 이러한 방식을 'NABC 접근법'이라고 한다. NABC 접근법은 미국의 SRIStanford Research Institute에서 개발되었다.

- 필요: 고객의 어떤 문제를 푸는가?
- 해결 방식: 어떻게 이 문제를 푸는가?
- 혜택: 고객이 받을 혜택은 무엇인가?
- 경쟁: 이 혜택이 경쟁 상대보다 어떤 점에서 더 뛰어난가?

우리는 일상생활에서 이미 이 NABC 접근법을 많이 이용하고 있다.

- 시장하시죠?(필요)
- 근처에 단골식당이 있는데 거기서 점심 할까요?(해결 방식)
- 음식 맛도 좋고 조용해서 하던 이야기를 계속할 수 있어요.(혜택)
- 게다가 패스트푸드보다 값도 싸답니다.(경쟁)

그렇다면 운전자와 차량 이용자를 스마트폰 애플리케이션으로 연결해주는 플랫폼 서비스 회사인 우버를 예로 NABC 방식의 가치 제안을 연습해 보자.

/ 우버의 창업과 성장 스토리 /

2008년 말 프랑스 파리에서 개최된 르웹LeWeb 디지털혁신학회에서 만난 개릿 캠프Garrett Camp와 트래비스 칼라닉Travis Kalanick은 밤을 새 가면서 다음에 올 큰 사업 기회는 무엇일까에 대해 논의했다.[9] 두 사람은 각각 그 전해에 자신들이 창업한 스타트업을 매각하고 새로운 기회를 찾고 있었다.

캠프의 관심사 중 하나는 '어떻게 하면 고객을 A 지점에서 B 지점으로 효과적으로 이동시킬 수 있을까?'라는 문제였다. 샌프란시스코에 살면서 평소에 운전을 즐기지 않았던 그는 택시를 이용하면서 안 좋은 경험을 종종 하곤 했기 때문이다. 그의 또 다른 관심사는 그즈음 출시된 스마트폰을 활용해서 할 만한 게 없을까 하는 것이었다.

캠프가 생각한 첫 번째 사업 모델은 벤츠 같은 고급 차량을 사고 프로 운전기사를 고용하는 것이었다. 이 모델은 채택되지 않았는데, 자본이 많이 들고 사업 확장에 한계가 있기 때문이었다.

두 번째로 생각한 것은 일명 '블랙카black car'라고 불리는 리무진 같은 고급 차량 서비스를 활용하는 것이었다. 블랙카는 이용하는 손님들이 많지 않았기 때문에 다음 손님이 이용하기까지 대기 시간이 상당히 길었다. 우버는 이 아이디어를 채택하기로 하고 블랙카가 운행하지 않는 시간을 활용해 '우버블랙UberBLACK'이라는 사업을 시작했다.

처음에 목표로 한 고객층은 샌프란시스코와 실리콘밸리의 창업자, 벤처캐피털 투자가, 스타트업 직원 등이었다. 새로운 기술을 조기에 받아들이는 얼리어답터가 많은 실리콘밸리와 샌프란시스코의 특성을 활용해 이들 사이에서의 입소문과 네트워크 효과를 기대한 것이다.

사업 초기에는 창업자들의 지인들을 중심으로 알렸고, 벤처캐피털이 주최하는 행사에 서비스를 무료로 제공했다. 참가자들을 행사장까지 무료로 실어다준 것이다. 이 서비스를 이용한 사람들이 자신들의 경험을 주위 사람들과 공유하면서 입소문 마케팅이 효과를 보게 되었다. 우버는 얼리어답터들이 많이 이용하는 블로그나 소셜 미디어에 광고를 하기도 했다.

한편, 운전자에게는 직접 전화를 걸어서 우버블랙 사업에 대해 알리는 방식으로 영업을 했는데, 관심을 보이는 운전자에게는 우버 애플리케이션이 설치된 아이폰을 무상으로 공급했다.

우버블랙은 사업적으로 상당한 성공을 거두었으나 영업용 고급 차량의 수가 한정되어 있었기 때문에 사업을 확장하는 데는 어느 정도 한계가 있었다.

우버가 다음으로 소개한 서비스는 '우버엑스UberX'였는데, 자동차를 가진 일반 운전자가 서비스를 제공하는 방식이었다. 우버엑스야말로 진정한 의미의 공유 모델이라고 할 수 있는데, 이 서비스는 사실 우버의 경쟁자였던 사이드카Sidecar와 리프트Lyft에서 먼저 시도한 비즈니스 모델이다.[10]

2012년 설립된 사이드카는 온라인 신원조회를 통과하고 운전면허증과 보험가입증서를 가지고 있으면 누구든 사이드카의 운전기사로 일할 수 있게 하는 서비스를 선보였다. 운전자는 승객들의 좋은 평가를 유지하기만 하면 된다. 이용 고객들은 요금을 지급하는 대신 사이드카가 정해놓은 기부금을 운전자에게 줄 것을 권장했고, 그 금액 중 20%가 사이드카의 몫이었다. 장거리 카풀 서비스 기업이었던 짐라이드Zimride도 리프트로 사명을 개명하고 사이드카보다 3개월 늦게 샌프란시스코에서 공개 시험운행에 들어갔다.

우버는 기존 택시업계의 맹렬한 반발과 시 정부의 규제 조항을 어기고 있다는 문제로 고생을 많이 했다. 우버는 이런 시 정부를 설득하거나 타협하는 대신에 소비자들이 움직이게 했다. 기존의 택시보다 경제적이고 청결하며 안전한 우버의 서비스에 크게 만족한 소비자들이 우버를 금지하거나 손발을 묶는 조처를 하려는 선출직 시 공무원들이나 시의회 의원들에게 항의를 하게 한 것이다. 이 전략은 유권자들의 표를 의식하지 않을 수 없는 공무원이나 의원 들에게 영향을 끼쳤고, 우버는 규제의 덫을 피해갈 수 있었다.

사이드카와 리프트라는 새로운 경쟁자가 진정한 차량 공유 서비스를 제공하는 데 대해 처음에 우버는 이런 서비스가 합법이 아니라는 이유로 부정적 자세를 취했다. 그러나 시 정부는 사이드카와 리프트가 운전자들이 보험에 가입하도록 하고, 그들의 진과기록을 확인하는 등 기본적인 안전 수칙을 따르는 조건으로 두 회사의 영업을 허용해 주었다. 이를 지켜본 우버는 애초에 전문 운전자만이 영업할 수 있도록 했던 우버엑스를 운전면허증과 보험이 있으면 누구나 자기 차를 이용해 돈을 벌 수 있게 개방했다.

사이드카는 2016년에 파산했는데, 우버의 뛰어난 자금력과 운송 시장에서의 경험 때문이기도 했지만, 사이드카가 지나치게 공격적으로 사업을 확장했기 때문이기도 했다. 리프트는 전투적인 우버와 달리 인간적 이미지를 가지고 있는 기업으로 자리매김하며 격차는 있지만 우버의 경쟁 상대로 사업을 계속 영위하고 있다.

우버엑스는 최초의 시장 개발자는 아니었지만 그들의 강점이라고 할 막강한 자금력과 차량 공유 시장에서의 경험을 바탕으로 큰 성공을 거두었다. 우버는 창업 후 여러 번 피벗을 거쳤는데, 우버엑스에 와서 제품과 시장의 합치를 이루었다고 할 수 있다.

우버의 가치 제안을 NABC 접근법에 대입하면 다음과 같이 정리할 수 있다.

필요

1. 택시 잡기가 힘들다. 특히 늦은 밤이나 날씨가 나쁜 날 더 심하다.

2. 대도시에서는 차가 있어도 주차하기가 힘들다.

3. 택시 기사에 대한 두려움이 있다.

4. 음주 후 운전을 못한다.

해결 방식

1. 스마트폰 애플리케이션으로 운전자와 승객을 연결해준다.

2. GPS 내비게이션을 활용한다.

3. 신용카드로 지불한다.

4. 운전자와 승객이 서로를 평가하게 한다.

혜택

1. 스마트폰 애플리케이션으로 차를 부르면 5분 안에 도착한다.

2. 승객은 운전자에 대한 평가를 보고 운전자를 선택할 수 있다.

3. 미국의 경우 뉴욕을 제외한 대부분의 도시에서 택시보다 저렴하다.

경쟁

1. 택시

2. 동종업종: 리프트

3. 대중교통, 자가용, 리무진 서비스, 자전거, 걷기

우버의 경쟁 상대에는 리프트 같은 직접 경쟁 상대 외에 간접적인

경쟁 상대도 있다. 이 또한 간과해서는 안 된다. 우선 고객이 현재 자신의 필요를 어떤 대안으로 해결하는지를 관찰한다. 택시가 잡히지 않으면 지하철이나 버스 등의 대중교통을 이용할 수도 있고, 자가용을 직접 운전하거나 자전거를 탈 수도 있으며, 심지어는 걸어서 갈 수도 있을 것이다. 이와 같은 대안을 뛰어넘는 가치를 고객에게 제시해 이동이 필요한 모든 사람을 고객으로 끌어들일 필요가 있다.

이처럼 여러분의 사업 아이디어를 NABC 모델에 대입해봄으로써 여러분 스타트업의 가치 제안은 무엇인지를 생각해보기 바란다.

NABC 접근법의 가치 제안은 다음에 논할 비즈니스 모델과도 연결된다.

/ 그 사업으로 어떻게 돈을 벌 것인가? /

창업자가 벤처캐피털 같은 투자가를 만날 경우 가장 많이 듣게 되는 질문은 "비즈니스 모델이 어떻게 되지요?"이다. 즉, '이 사업에서 어떻게 돈을 벌 것인가?'를 묻는 것이다. 막상 사업을 시작해보면 돈을 벌기 위해 생각해야 할 것이 단순히 얼마짜리 제품(서비스)을 몇 개 팔아, 원가 빼고 얼마를 남길 것인가 하는 것보다 훨씬 더 복잡하다는 것을 느끼게 될 것이다.

비즈니스 모델을 준비할 때 많이 이용하는 '비즈니스 모델 캔버스

Business Model Canvas [11]는 알렉산더 오스터왈더에 의해 고안되었다. 그는 "비즈니스 모델이란, 가설의 세트"라고 말했다. 사업을 구상하는 단계에서 고객은 누구이고, 우리가 제시하는 해결책은 무엇인가 등등 캔버스의 각 항목에서 가설을 제시하는 것이다. 비즈니스 모델은 한 사업을 이루는 데 필요한 모든 요소를 빠트리지 않고 꼼꼼하게 챙기고, 각 항목에서의 가설이 타당한지 검증한다는 데 의미가 있다.

여기서는 알렉산더 오스터왈더의 비즈니스 모델 캔버스를 초기 스타트업에 맞게 변형시킨 애시 모리아의 린 캔버스Lean Canvas를 활용해 비즈니스 모델에 대해 알아보겠다.[12]

린 캔버스를 채울 때는 너무 많은 시간을 쓰지 않고 머릿속에 있는 사업 모델을 빠르게 옮긴다고 생각하는 것이 좋다. 항목 중 일부는 공백으로 남겨두어도 무방하다. 어쩌면 그 부분이 여러분의 비즈니스 모델에서 위험성이 가장 큰 부분일 수도 있기 때문이다. 린 캔버스를 시간에 따라 진화해가는 살아 있는 문서라고 생각하면 좋겠다.

린 캔버스 한 장에 내 사업의 모든 것을 담기 위해서는 간략해야 한다. 이런 지면의 제약으로 인해 사업에서 군더더기를 제거하고 핵심만 뽑아낼 수 있게 된다. 비즈니스 모델을 만들 때 너무 먼 미래를 염두에 두면 실현 불가능한 모델을 만들게 될 수도 있다. 현재라는 기반에 두 발을 딛고 앞으로 나아가려면 어떤 가설이 필요할까를 생각하도록 하자. 그리고 캔버스를 채워나갈 때는 고객 위주로 생각하도록 하자.

그림 7의 각 영역에 나와 있는 숫자는 린 캔버스를 채워나가는 순서

/ 그림 7 / 린 캔버스

문제 problem 1 대체 방법 alternatives	해결책 solution 4	독특한 가치 제안 unique value proposition 3	진입 장벽 unfair advantage 9	고객 customer segments 2
	핵심 지표 key metrics 8		경로 channels 5	
원가 구조 cost structure 7			매출 흐름 revenue stream 6	

를 의미한다.

우선 1) '문제'와 2) '고객'은 서로 분리해서 생각할 수 없으므로 한 쌍이라고 생각한다. 목표로 하는 고객층의 해결해야 할 가장 큰 문제를 적어도 세 가지 이상 찾아낸다. 그리고 이 고객층이 현재는 그 문제를 어떻게 해결하고 있는지, 즉 '대체 방법'도 적어본다. 대체 방법이 흔히 생각할 수 있는 직접 경쟁 상대에게서 나오지 않는 경우도 많고, 고객의 아픔이 심하지 않을 때는 대체 방법 없이 아무것도 하지 않고 있을 수도 있다. 문제와 고객 항목에서는 목표로 하는 고객이 정말로 이런 문제를 가지고 있는지를 확인한다.

다음으로는 3) '독특한 가치 제안' 항목을 채운다. 린 캔버스 한가운

데 있는 이 항목은 가장 중요한 영역 중 하나이지만 제대로 채워 넣기도 쉽지 않다. 앞의 〈고객에게 제공할 수 있는 가치는 무엇인가?〉에서 말한 것처럼 나의 스타트업이 어떻게 경쟁 상대보다 확실하게 더 뛰어난 고객의 가치를 만들고 제공하는지에 대한 해답이 있어야 한다. 이 항목에서는 경쟁 상대에 비해 내 스타트업이 차지하는 위치를 평가하는 것이다. 여기서 앞에서 준비한 가치 제안을 간단히 하여 이용하면 좋겠다(본문 57~58쪽 참조).

다음은 고객의 문제에 대한 4) '해결책'을 쓸 차례다. 여기서는 이 해결책이 앞서 정의한 고객의 문제를 풀 수 있는 바로 그 해결책인가를 검증한다.

스타트업이 성공하지 못하는 가장 큰 이유 중 하나는 고객에게 스타트업의 해결책을 전달하는 5) '경로'가 제대로 만들어지지 않아서다. 여기서 검증할 가설은 어떻게 고객에게 접근하여 매출을 일으키는가 하는 것이다.

6) '매출 흐름'과 7) '원가 구조'는 재무 영역에 해당한다. 매출 흐름은 목표로 하는 고객층이 얼마나 되고, 고객당 얼마를 팔 수 있을지로 결정된다. 매출 흐름은 결국 판매 가격과 직결되는데, 가격 결정은 원가를 바탕으로 하기보다는 고객의 문제를 해결하는 경쟁 상대의 대체 방법은 얼마를 받고 있는지를 비교해 결정할 필요가 있다. 여기서는 매출을 어떻게 일으킬지를 말해주는 매출 모델도 고려해야 한다. 매출 모델에는 다음과 같은 것들이 있다.

- 판매 모델
- 광고 모델
- 프랜차이즈franchisc 모델
- 유틸리티utility 모델
- 구독subscription 모델
- 거래 수수료transaction fee 모델
- 프로페셔널professional 모델
- 라이선스license 모델[13,14]

　김밥 가판대 사업을 하는 가상의 스타트업을 예로 들어 매출 모델에 대해 알아보자.

　먼저 판매 모델은 김밥을 팔아서 이익을 남기는 고전적 사업 방법이고, 광고 모델은 김밥 포장지에 광고를 넣어주고 광고주로부터 돈을 받는 것을 예로 들 수 있다. 프랜차이즈 모델은 김밥 가판대 프랜차이즈에 가입하는 사업주들로부터 비용을 받는 모델이 되겠다. 유틸리티 모델란, 김밥이 많이 팔리는 시간대에만 영업을 하고 저녁 늦은 시간에는 다른 사업, 예를 들면 포장마차 사업자에게 빌려주는 것이다. 구독 모델은 한 달에 정해진 액수를 받고 손님에게 김밥을 매일 제공하는 것이다. 거래 수수료 모델은 김밥 플랫폼을 만들어 요리 솜씨가 좋은 가정에서 김밥을 공급받고 수수료를 받는 형태가 되겠다. 프로페셔널 모델은 김밥 가판대를 디자인해주고 운영 노하우를 제공해서 매출을 일으키는 것이다. 라이선스 모델은 김밥의 레시피에 대한 사용권을 빌려주고 매출의 일부를 받는 경우다.

7) '원가 구조'에서는 원가를 파악함으로써 매출을 일으키는 데 들어가는 비용이 얼마나 되는지를 알아본다. 그리고 매출과 원가를 비교해 사업이 타당성이 있는지를 검증한다.

각 사업마다 사업이 제대로 진행되고 있는지는 8) '핵심 지표'에서 점검할 수 있다. 핵심 지표를 말할 때는 흔히 매출을 떠올리는데, 일반적으로 한 사업에서 어떤 요소가 매출에 긍정적 또는 부정적 영향을 줄 때까지는 많은 시간이 걸린다. 그러므로 매출보다 빠른 속도로 사업의 현재 상태를 보여줄 수 있는 지표가 필요하다.

9) '진입 장벽'은 가장 채우기 어려운 항목이라 할 수 있다. 어쩌면 창업 과정은 진입 장벽을 찾아가는 과정이라고 할 수도 있다. 이 부분은 시작할 때는 비워놓아도 좋다. 여기에 들어갈 내용은 네트워크 효과, 커뮤니티, 검색 엔진 최적화Search Engine Optimization: SEO 순위, 드림팀, 창업자의 경험과 개인적 우수성, 자금력 등이다.

기술 창업을 한 창업자는 흔히 진입 장벽이 자기 기술에 관한 특허라고 생각하지만 다음과 같은 이유로 특허가 진입 장벽이 되기는 쉽지 않다. 대기업은 스타트업의 특허권을 침해할 가능성이 있는 제품을 개발할 경우, 일단 개발해서 시장에 내놓고 특허 문제는 나중에 해결하려고 하는 경향이 있다. 특허권 침해로 소송을 하더라도 판결이 나기까지 몇 년이 걸릴 수 있고, 그동안 많은 법률 비용이 필요하기 때문에 특허권 침해 소송은 스타트업으로서는 감당하기 힘든 게 사실이다. 그래서 스타트업은 어느 정도의 기술료를 받고 대기업과 특허 사용 계약을 맺는 것으로 마무리하는 경우가 많다. 물론 기술을 보호하기 위해서는 특허권을 확보해야 하지만, 특허권이 있다고 해서 기술이 절대적으로 보호받을 수 있는 것은 아니라는 것이다. 특허 자체보다는 특허 기술을 활용해 대기업이 따라오기 힘들 정도의 속도로 제품을 만들고, 개선된 제품을 계속 시장에 내놓는다면, 그 자체가 진입 장벽이 될 수는 있다.

린 캔버스가 준비됐다면 어느 부분의 리스크가 가장 큰지를 본다. 리스크에는 세 가지가 있다.

- 제품 리스크: 고객이 원하는 제품이 아니다.
- 고객 리스크: 고객에게 닿기까지의 경로가 없다.
- 시장 리스크: 매출과 원가를 비교했을 때 사업의 타당성이 없다.

린 캔버스에서 제품 리스크와 관련된 항목은 문제, 독특한 가치 제안, 해결책, 핵심 지표 등이다. 고객 리스크는 고객, 경로와 관련된다. 시장 리스크는 매출 흐름, 원가 구조, 진입 장벽 등이다.

이 중 제품 리스크가 가장 큰 리스크일 것이다. 제품 리스크에 관해서는 이 장의 뒷부분 〈고객 인터뷰 스킬〉에 나와 있는 대로 고객에게 직접 물어보는 것이 가장 확실한 방법이다.

많은 사업이 고객에게 닿는 경로가 없어서 실패한다. 따라서 창업자는 어떤 경로를 통해 고객에게 닿을 것인지에 대해 많은 고민을 해야 한다.

요즘 같은 디지털 시대에는 인바운드 마케팅inbound marketing 같은 새로운 디지털 마케팅 기법이 많이 활용되고 있다.[15, 16] 인바운드 마케팅이란, 블로그 등 인터넷상에 자신의 스타트업에 관련된 정보를 정기적으로 올려 그 정보를 접하고 유용하다고 느낀 소비자들이 블로그에 수시로 찾아오고 주위에 입소문을 냄으로써 더 널리 알려지게 하는 마케팅 방법이다. 인바운드 마케팅은 시간이 걸릴 수 있으나 비용이 많이 필요하지 않기 때문에 스타트업에 적합한 마케팅 방법이라고 할 수 있다. 이와 달리 스타트업이 이메일을 발송하는 등 온라인상에서 고객을 찾아나서는 마케팅 방법을 아웃바운드 마케팅outbound marketing이라고 한다.

시장 리스크는 5장에서 배울 재무 지식을 활용해 검토할 수 있다. 아무리 좋은 아이디어이고 제품 리스크나 고객 리스크가 없다 해도 매출보다 원가가 더 높다면 사업으로서의 의미가 없다.

그런데 사업 아이디어가 하나가 아니라 몇 가지가 된다면 어떻게 해야 할까? 여러 아이디어 중 한 가지 비즈니스 모델을 찾으려면 린 캔버스를 통해 시장이 충분히 크고, 제품을 원하는 고객에게 연결할 수 있어서 사업을 발전시킬 가능성이 가장 높은 모델을 찾는다. 이때 고려해야 할 점이 몇 가지 있다.

1. 고객의 아픔 수준(문제): 스타트업의 제품을 가장 원하는 고객을 찾는다.
2. 고객 접근의 용이성(경로): 상대적으로 고객에게 쉽게 도달할 수 있는 경로를 선택한다.
3. 가격/매출이익(매출 흐름과 원가 구조): 매출은 판매가와 직결되고, 판매가는 고객층에 따라 달라진다. 이익을 최대화할 수 있는 고객층을 선택한다.
4. 시장 규모(고객): 시장 규모가 충분히 큰 고객층을 선택한다.
5. 기술 실현 가능성(해결책): 실현 가능성이 충분한 해결책이면서 고객에게 최소한의 기능만 갖춰진 제품Minimum Viable Product: MVP을 보여주고 이해시킬 수 있는지를 확인한다.

각각의 아이디어에 대한 캔버스를 만들고, 그중 위의 요소들에 가장 부합하는 모델을 선택하도록 한다.

린 캔버스가 준비되었다면 다른 사람들에게도 의견을 구하는 것이 좋다. 본인이 잘못 생각하거나 고려하지 않은 점이 있을 수도 있기 때문이다.

/ 우버블랙의 린 캔버스 /

우버블랙의 사례로 린 캔버스를 만들어보자. 여러분이 2010년으로 돌아가서 우버의 창업자였다면 우버블랙이라는 아이디어로 어떤 비즈니스 모델을 만들지 연습해보자. 우버블랙은 플랫폼 비즈니스 모델로, 승객과 블랙카 기사가 각각 고객이다. 그러니 각각의 고객에게 해당하는 린 캔버스를 작성해야 한다.

```
┌─────────────────────────────────┐
│           1. 문제                │
│                                  │
│  승객                             │
│  – 길에서 택시를 기다림            │
│  – 날씨가 나쁘면 택시 잡기 힘듦     │
│  – 러시아워에 택시 잡기 힘듦        │
│                                  │
│  블랙카 기사                       │
│  – 노는 시간이 많음                │
│                                  │
│                                  │
│                                  │
│                                  │
│                                  │
└─────────────────────────────────┘
```

2. 고객

승객
- 실리콘밸리와 샌프란시스코의 스타트업 업계 종사자
- 창업자, 벤처캐피털
- 엔젤투자자

블랙카 기사

3. 독특한 가치 제안

승객
- 편리하고 안락한 승차감
- 원하는 곳에 품위 있게 도착함

블랙카 기사
- 추가 소득이 생기고
- 차량 호출과 요금 결제가 효율적

4. 해결책

승객
– 블랙카의 비운영 시간을 활용한 우버 블랙 서비스
– 스마트폰 앱 호출, GPS 차량 운행
– 신용카드 지불, 운전자 평가

블랙카 기사
– 스마트폰 앱 호출과 결제

5. 경로

승객
– 창업자의 지인들
– 얼리어답터가 많이 보는 블로그
– 소셜 미디어
– 스타트업 행사 무료봉사로 입소문

블랙카 기사
– 직접 전화 홍보, 입소문
– 우버 애플리케이션이 깔린 아이폰 무상 공급

6. 매출 흐름

승객
– 요금(기본 $8, 마일당 $5 추가, 최소액 $15)

블랙카 기사
– 요금의 일부

7. 원가 구조

− 직원 급여, 앱과 웹 개발 · 유지 비용
− 아이폰 지급 비용

8. 핵심 지표

− 1일 이용 승객 수
− 1일 이용 편수
− 호출 후 차량 도착까지의 시간

9. 진입 장벽

− 창업자들의 창업 성공 경험
− 시드 자금 확보

/ 문제-해결책, 제품-시장의 합치 추구 /

스타트업이 실패하는 가장 큰 원인은 스타트업이 제공하는 제품이나 서비스가 고객이 원하지 않는 것이기 때문이다. 애시 모리아는 이에 대해 "아무도 원하지 않는 것을 만들기에 우리의 인생은 너무 짧다"고 하기도 했다.[17]

창업자들은 흔히 자신의 아이디어나 기술을 과신한 나머지 시장과 고객에 대한 조사를 소홀히 하고, 자신의 아이디어로 제품이나 서비스를 출시하면 크게 환영받을 거라는 착각에 빠지곤 한다. 애시 모리아의 말처럼 아무도 원치 않는 제품을 만드느라 시간과 자금을 낭비할 위험이 있는 것이다. 제품을 기획해 개발하고 시장에 내놓은 후 고객의 반응을 살피는 것은 고전적인 방식이다. 이 경우 제품의 개발, 생산에 많은 돈과 시간이 들어가는데, 시장 반응을 살피기까지는 적어도 6개월에서 2년까지 걸린다. 이러한 자원과 시간은 스타트업이 감당하기 힘들다. 그래서 에릭 리스Eric Ries가 제안한 린 스타트업Lean startup 방식[18]이 주목을 받고 있다.

린 스타트업 방식에서는 그림 8에 나와 있듯이 스타트업이 고객과 문제 그리고 해결책을 정의하고 이를 상품화하기 이전에 잠재 고객들을 만나 인터뷰를 한다. 인터뷰를 통해 알아내려고 하는 것은 두 가지다. 첫 번째는 문제-해결책의 합치, 즉 "다루고 있는 문제가 풀 만한 가치가 있는 문제인가?"에 대한 해답을 구한다. 그 문제가 풀 만한 가

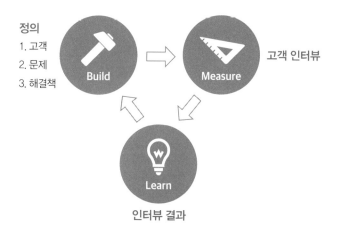

치가 있는 문제라면 두 번째로 제품–시장의 합치, 즉 "해결책에서 나온 제품이 사람들이 원하는 살 만한 것인가?"에 관한 답을 구한다.

인터뷰 결과를 고객, 문제, 해결책 만들기 단계에 반영한다.

린 스타트업 방식의 철학을 이해하고 제대로 활용하면 고전적 방식에서 고객의 반응을 측정하는 것보다 훨씬 짧은 시간에 적은 비용으로 제품–시장의 합치를 이룰 때까지 많은 피벗을 할 수 있게 된다.

/ 고객 인터뷰 스킬 /

린 캔버스로 비즈니스 모델이 준비되면 제품이나 서비스 개발에 들어가기 전에 반드시 고객 인터뷰를 할 것을 권한다. 창업자는 고객 인터뷰를 통해 다음의 네 가지에 대한 중요한 정보를 얻을 수 있다.

- 내가 풀려는 문제가 진짜 문제인가?(문제)
- 이 문제는 누구의 문제인가, 즉 고객은 누구인가?(고객)
- 경쟁 상대는 누구인가?(지금 존재하는 대안)
- 문제를 어떻게 푸는가?(해결책)

궁극적으로 올바른 문제-해결책의 합치와 제품-시장의 합치를 찾는 것이 고객 인터뷰의 목적이다. 고객 인터뷰에 앞서 인터뷰 상대를 우선 결정해야 하는데, 내 제품을 누가 사서 쓸 것인지를 잘 생각해봐야 한다.

인터뷰 대상이 결정되면 인터뷰를 진행한다. 순서는 다음과 같다.

인사

먼저 인터뷰에 응한 데 대해 감사 인사를 하고, 이 자리가 제품을 선전하거나 판매하려는 자리가 아니고 고객에 대해 학습하기 위해 만든 자리라는 점을 설명한다. 그리고 아주 솔직하게 대답해 달라고 부탁

하고, 전체 소요 시간을 알려준다. 데이터 분류를 위해 고객의 연령대, 성별, 그 외의 분류 항목을 파악한다.

문제 설명

고객 인터뷰를 창업자 자신의 제품을 소개하는 기회로 여기는 창업자도 있는데, 이는 잘못된 생각이다. 고객 인터뷰는 인터뷰 대상을 이해하기 위해 진행하는 것이다. 고객의 문제를 알아내기 위한 자리지 창업자의 아이디어가 옳다는 것을 증명하거나 고객으로부터 해결책을 알아내기 위한 자리가 아니라는 것을 명심해야 한다.

고객은 해결책을 가지고 있지 않다. 문제가 확인되면 해결책을 찾는 것은 창업자의 몫이다. 그러므로 고객 인터뷰 초반에는 제품이나 제품의 기능에 대해 질문해서는 안 된다.

인터뷰는 창업자가 풀려는 문제에 대한 스토리텔링으로 시작하는데, 고객이 쉽게 잘 이해할 수 있도록 설명을 하고, 고객이 이 문제에 공감하는지 관찰한다.

인터뷰에 응하는 고객이 예의상 자신의 본심과는 다른 대답을 하는 경우도 있다. 창업자의 아이디어가 좋고, 자신도 이 문제를 공감하며, 제품이 나오면 사겠다고 대답하는 것이다. 따라서 창업자는 고객의 진심을 끌어내기 위해 노력할 필요가 있다. 이를 위해 어떤 대답에 대해 "왜 그렇지요?"라고 추가 질문을 던져 문제에 대해 더 깊이 들어갈 필요가 있고, 구두 답변 외에도 고객의 보디랭귀지를 잘 관찰해야 한다. 그리고 "네" 또는 "아니오"라는 답변이 나올 질문은 피하고, 고객의 상황을 표현하는 대답을 유도하는 것이 좋다.

문제에 대해 고객이 공감하면 고객이 느끼는 필요, 아픔의 정도에 대해 알아본다. 현재 이 문제를 어떻게 해결하고 있는지, 즉 고객이 채택하고 있는 대안 해결책을 조사한다. 만약 고객이 그냥 참고 살고 있다고 한다면 그 문제가 해결책을 절실히 필요로 할 만큼 심각하지 않은 것일 수도 있다.

고객이 확실히 문제라고 생각하면 다음 단계로 넘어가 해결책을 소개한다. 고객이 풀 만한 문제라고 공감하지 않으면 인터뷰는 거기서 끝낼 수 있다. 그리고 다시 원점으로 돌아가서 문제를 재정의하고 새로운 인터뷰를 진행한다.

해결책 소개

창업자의 해결책을 소개하고 고객의 견해를 듣는다. 절대로 해결책을 선전하는 자리가 돼서는 안 된다. 제품의 구체적 기능에 대해서도 논의하지 않는다. 고객은 제품의 기능에 관심이 많은 경향이 있기 때문에 기능에 대해 논의하기 시작하면 문제−해결책과 제품−시장 합치에 대해 학습하기 위한 인터뷰 본연의 취지에서 벗어나게 될 수 있다.

질문할 때는 "문제 X에 대한 우리의 해결책은 Y인데 어떻게 생각하십니까?" 또는 "이 문제에 대한 해결책으로 A, B, C를 생각하고 있는데 어떤 게 좋을까요?"라는 식의 질문을 할 수 있다. 만약 제시한 해결책을 고객이 좋아한다면 제품이 나올 경우 구매할 의향이 있는지 물어본다.

마무리

인터뷰를 마무리하면서는 인터뷰를 할 만한 다른 고객을 추천해 달라고 부탁한다.

기록

인터뷰가 끝나면 지체 없이 인터뷰 내용을 기록한다. 이를 위해 템플리트를 준비해 놓는다. 인터뷰를 녹음하는 것은 권하지 않는다. 고객이 녹음한다는 사실을 의식할 경우 답변 태도가 달라질 수도 있기 때문이다.

고객 인터뷰를 하는 목적이 스타트업의 제품을 선전하는 자리가 아니라 배우기 위한 자리라는 점을 잊지 말자. 따라서 되도록 말도 줄이고 고객의 말을 경청해야 한다.

잘 모르는 사람들과 얼굴을 마주 보고 인터뷰를 하는 것은 결코 쉬운 일이 아니다. 그래서 많은 창업자들이 이메일이나 전화로 인터뷰를 하려고 한다. 인터뷰를 통해 미리 준비된 질문에 대한 대답만이 아니라 인터뷰 도중에 의도치 않게 오가는 대화, 그리고 고객의 보디랭귀지 등에서도 많은 정보를 얻을 수 있으므로 반드시 대면 인터뷰를 하길 권한다. 만약 대면 인터뷰가 어렵다면 영상통화를 하는 것도 방법이다.

인터뷰는 과학적·객관적 데이터를 얻는 기회라고 했다. 따라서 의미 있는 결과를 얻기 위해서는 고객들에게 최대한 균일한 질문을 할 필요가 있다. 사전에 고민을 많이 해 질문을 준비하고, 가능한 한 이 질문들을 바탕으로 인터뷰를 하는 것이 좋다.

스티브 잡스는 "고객은 제품을 보여주기 전까지는 자신이 무엇을 필요로 하는지 모른다"라고 했는데, 이 말도 일리는 있지만 그렇다고 고객 인터뷰가 중요하지 않은 것은 아니다. 왜냐하면 고객 인터뷰에서 묻는 것이 "무엇을 원하십니까?"가 아니고 제품을 보여주고 "이런 제품이라면 지금 가지고 있는 아쉬움(아픔)을 해소할 수 있을까요?" 이기 때문이다. 여기서 제품은 린 스타트업 방식의 최소 요건 제품(MVP)일 수도 있고 해결책을 설명하는 간단한 스케치일 수도 있다.

처음 보는 사람에게 인터뷰를 요청하는 것이 쉬운 일은 아니다. 커피숍 같은 곳에서 사람들에게 인터뷰를 요청하면 보통은 경계심을 갖고 거절을 한다. 이런 경우에는 우선 어렵지 않게 접촉할 수 있는 친구나 친척부터 시작하는 것도 좋겠다. 인터뷰가 끝나면 주변 사람을 소개해줄 수 있는지 물어서 점차 범위를 넓혀가는 것도 좋은 방법이다.

우선 열 명 정도를 인터뷰해 보고, 그중 다수의 인터뷰 대상자가 풀만한 문제라고 별로 느끼지 않는다면, 문제-해결책의 합치가 없다고 할 수 있다. 이때는 계속 인터뷰를 진행하기보다 문제의 정의부터 재검토할 필요가 있다. 문제-해결책의 합치는 있으나 제안하는 제품을 많은 고객이 좋아하지 않는다면, 제품을 재검토하여 피벗할 필요가 있다.

문제-해결책의 합치가 있고 많은 고객이 제시하는 제품을 좋아한다면 제품-시장의 합치도 있어 보이므로 인터뷰 대상자를 30명 이상으로 늘린다. 통계학적으로 의미 있는 데이터를 얻기 위해서는 이보다 많은 인터뷰를 할 필요가 있지만, 시간, 자금 등 부족한 자원을 가지고 사업을 발전시켜나가야 하는 스타트업의 특성상 주어진 여건 내에서 가능한 만큼 하면 되겠다.

인터뷰를 통해 문제-해결책의 합치, 제품-시장의 합치를 보았다면, 이제는 실제로 제품을 개발해야 한다. 이 단계에서는 최초의 문제-해결책으로 제품-시장의 합치까지 이루는 경우보다는 여러 차례에 걸쳐 피벗을 하는 경우가 훨씬 많다.

4장

우리 회사의 진입 장벽은 무엇인가?

"이 회사가 속해 있는 업계의 시장 규모는 얼마나 됩니까?"
이 질문에 아무 대답을 하지 못한다면 투자가는
이 창업자가 꼭 해야 할 일을 하지 않고 있다고 느낄 수 있다.

———

경쟁자로부터 배우되 절대 카피하지 말라.
카피하면 당신은 죽는다.

잭 마 Jack Ma

/ 이 업계의 시장 규모는 얼마나 되는가? /

창업자가 투자를 받기 위해 투자가를 만날 때 가장 많이 듣는 질문이 두 가지 있는데, 그중 하나는 "이 회사는 어떤 진입 장벽을 가지고 있지요?"이다. 진입 장벽은 경쟁 기업이 특정 시장에 진입하는 데 방해가 되는 요소로, 이 질문은 다시 말해 경쟁자는 못하는데 내 회사만이 잘할 수 있는 것이 무엇인지를 묻는 것이다. 또 한 가지 질문은 "이 회사가 속해 있는 업계의 시장 규모는 얼마나 됩니까?"라고 할 수 있다. 앞의 질문 못지않게 창업자가 대답하기 어려운 질문이다. 특히 새로운 기술이나 아이디어로 진입 장벽은 확실히 존재하는데 시장이 제대로 형성되어 있지 않은 경우에 더욱 그렇다.

투자가에게는 시장 규모가 매우 중요한데, 그 이유는 투자 검토 대상인 회사가 어느 정도의 성장 가능성이 있는지를 알고자 하기 때문이다. 아무리 뛰어나고 진입 장벽이 확실한 회사일지라도 전체 시장의 규모가 100억 원 정도라면, 그 회사는 아무리 커도 매출 100억 원을 넘지 못하게 된다.

투자가들은 이 질문을 통해 창업자가 중요한 항목에 대해 충분히 생각해보았는지도 알고 싶어 한다. 투자가를 만나러 온 창업자라면 창업 후 어느 정도의 시간이 흘러서 준비한 시제품을 초기 잠재고객들에게 보여줬을 때의 반응 등 시장을 어느 정도 경험하고 느꼈을 것이다. 그런데 시장 규모에 대한 투자가의 질문에 아무 대답을 하지 못한다면 투자가는 이 창업자가 꼭 해야 할 일을 하지 않고 있다고 느낄 수 있다.

그러므로 창업자는 어려운 일이기는 하지만 시장 규모에 관한 연구를 하고, 자료를 찾아 투자가가 어느 정도 이해할 수 있는 모델과 가정을 세워 시장 규모를 계산하기 위해 노력해야 한다. 새로운 기술로 창업을 한 경우, 진입 장벽은 확실하지만 제대로 시장이 형성되어 있지 않기 때문에 시장 규모 산정은 더 어려울 수 있다. 이런 경우 창업자들은 시장 규모 계산을 등한시하는 경향이 있는데, 물론 힘들겠지만 최선을 다해 시장 규모를 산정하려고 노력해야 한다. 여러 가지 가정을 세우고 관련 자료를 바탕으로 시장 규모를 산정하려고 노력하면 투자가들도 그 모습을 긍정적으로 볼 것이다.

/ 시장 규모의 종류 /

시장 규모에도 종류가 있는데, TAM과 SAM, SOM이 그것이다.

TAM Total Available Market

만약 제품(서비스)을 모든 고객에게 판다면, 또는 속해 있는 업계에서 시장점유율이 100%에 이른다면 얻을 수 있는 규모다. 예를 들어, 모바일 애플리케이션을 1달러에 판매하는 스타트업이 있는데, 전 세계에 20억 대의 스마트폰이 있다면 TAM은 20억 달러가 된다.

SAM Serviceable Available Market

한 스타트업이 TAM을 자신의 매출로 달성하는 것은 불가능에 가깝다. 일반적으로는 전체 시장의 일부만을 공략하게 된다. 앞에서 예로 든 모바일 애플리케이션이 영어 버전의 안드로이드 폰에 적용되는 경우, 이런 조건의 스마트폰이 전 세계에 5억 대 있으면 SAM은 5억 달러가 된다.

SOM Serviceable Obtainable Market

SOM은 스타트업이 현실적으로 목표로 할 수 있는 시장의 크기이다. 위의 모바일 애플리케이션의 주 고객층이 안드로이드 폰을 쓰는 10대 청소년이라면 SOM은 SAM보다 훨씬 줄어들 것이다.

/ 그림 9 / 시장 규모의 종류

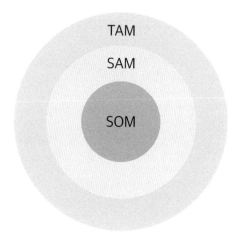

이 애플리케이션을 개발해 판매하는 스타트업의 CEO라면 투자가에게 다음과 같이 이야기할 수 있을 것이다.

- "다음 달에 출시하는 애플리케이션의 초기 목표 고객은 안드로이드 폰을 쓰는 미국 내의 10대 청소년들로, 시장 규모는 1억 달러 정도입니다."
- "내년 초에는 iOS 스마트폰에서도 쓸 수 있게 되고, 대학생을 위한 강의 관리 기능을 추가하면 3억 달러의 시장을 공략하게 됩니다."
- "향후 2년 내에 중국어와 스페인어를 추가하면 우리 회사가 공략하려는 시장 규모는 9억 달러로 늘어날 것입니다."

여기에 더해 스타트업이 목표로 하는 시장의 성장 속도, 그리고 기존 시장에 존재하는 경쟁사들과 달리 스타트업이 추구하는 혁신에 의한 파괴적 변화가 가져올 수 있는 변화도 언급하는 것이 좋다.

2억 달러의 매출을 올리는 회사가 있다고 가정하고 다음의 세 가지 경우를 고려해 보자.

TAM이 2억 5,000만 달러인 시장이 있다. 첫 번째 경우는 이 시장에서 시장점유율이 80%인 경우다. 두 번째 경우는 TAM이 10억 달러이고 시장점유율은 20%이다. 세 번째 경우는 TAM이 100억 달러이고 시장점유율은 2%이다.

투자가라면 어느 경우에 관심을 보일까? 우선 TAM이 2억 5,000만 달러라면 더 성장할 가능성이 없어 보인다. 그리고 100억 달러 시장의 2%를 점유하고 있다면 이 회사는 아주 작은 틈새 역할을 한다. 만약 이 회사가 창의적이고 빨리 성장하기까지 한다면 시장을 끌고 가는 회사 입장에서는 매력적인 인수합병 대상이 될 수 있다. 이 회사의 비즈니스 모델에 문제가 있다면 시장이 매우 크므로 아직 피벗해서 성공할 기회가 남아 있다. 그렇지만 이 두 경우보다는 10억 달러의 시장에서 20%의 점유율을 보이는 경우가 더 매력적이라고 할 수 있다. 우선 이 회사는 시장을 주도하는 구성원이고, 아직 시장점유율을 높여 성장할 가능성도 남아 있기 때문이다.

일반적으로는 큰 규모의 시장을 선호하지만, 성장이 정체된 시장이라면 이미 그 시장을 점유하고 있는 회사가 있을 가능성이 높다.

규모 못지않게 중요한 것이 성장 속도다. 성장이 빠를수록 스타트 업에게 기회가 생기고, 특히 혁신적인 제품일수록 시장에서 통할 가능성이 있기 때문이다.

창업자로서는 목표하는 시장이 어떻게 돌아가는지를 잘 이해하고, 자신의 스타트업이 어떻게 그 시장에 진출할지 전략을 세우며, 이 모든 것을 투자가에게 잘 설명해서 투자가를 이해시키는 것이 중요하다.

/ 시장 규모 계산 방식 /

시장 규모를 계산하는 데는 두 가지 접근법이 있다. 하향식 계산법과 상향식 계산법인데, 두 가지 방식을 다 시도해서 비슷한 결과를 얻게 되면 신빙성을 더 높일 수 있다.

하향식은 거시경제 지표에서 출발하는 방법이다. 여기서는 우리나라의 수도권에서 과일과 채소를 집까지 배달하는 서비스를 준비하고 있는 가상의 스타트업 프레쉬딜리버리의 사례를 통해 시장 규모를 계산해보자.

2015년 현재 우리나라의 연간 가구당 과일과 채소 지출 비용은 각각 47만 원과 40만 원이다.[19] 2016년 현재 전국의 가구 수가 1,984만이고,[20] 2015년과 비슷한 수준의 지출을 한다고 가정하면 2016년에는 전체 국민이 과일과 채소에 17조 3,000억 원을 지출할 것으로 예상할 수 있다. 과일은 판매액 순위가 사과, 감귤, 포도, 수박, 딸기, 바나나 순이고, 상위 여섯 가지 과일이 전체의 64%를 차지한다. 채소는 좀 더 종류가 많아서 상위 열 가지는 토마토, 양파, 파, 무, 고추, 마늘, 오이, 배추, 호박, 콩나물 순이고, 상위 열 가지 채소의 판매액이 전체의 62%를 차지한다.[21]

프레쉬딜리버리가 목표로 하는 시장은 인구가 밀집된 수도권이다. 수도권 인구 비중이 49.5%(전체 인구는 5,127만 명)[22]이고, 취급 품목을 단순화하기 위해 과일 여섯 가지와 채소 열 가지만을 취급한다면, 금액 기준으로 전체 과일 · 채소 시장의 약 63%를 차지하게 된다.

프레쉬딜리버리의 SAM은 '17조 3,000억 원×49.5%×63%=5조 3,950억 원'이다.

이 중에서 청과물을 사러 갈 시간이 부족한 1인 가구를 목표로 한다면 수도권에는 964만 가구가 있고, 1인 가구는 이 중 27.9%에 해당하는 269만 가구이므로 수도권 1인 가구의 인구 비중은 '269만÷(5,127만×0.495)=10.6%'가 된다. 고객 인터뷰를 해봤더니 조사 대상 1인 가구 60명 중 9명이 배달을 받겠다고 했다(가상의 데이터). 이 인터뷰 결과를 바탕으로 1인 가구의 15%가 서비스를 이용한다고 가정하면 수도권 인구 대비 1.59%(10.6%×15%)가 이용하는 셈이므로 하향식으로 계산한 프레쉬딜리버리의 SOM은 '5조 3,950억 원×1.59%=858억 원'이 된다.

일반적으로 하향식 계산법은 통계자료에서 출발하기 때문에 상대

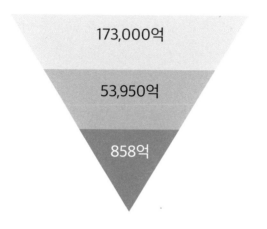

173,000억

53,950억

858억

(단위: 원)

적으로 계산하기 쉬운 편이나 시장 규모를 과대평가할 위험성이 있다.

같은 시장을 상향식으로 계산해 보자. 앞서 고객 인터뷰에서 소비자들의 과일과 채소 소비 경향도 조사했다. 1인 가구는 과일과 채소에 월 1만 원씩을 지출하는 것으로 조사되었다(가정). 한 사람이 연간 소비하는 과일·채소는 24만 원이고 이 중 63%를 차지하는 과일 6종, 채소 10종을 프레쉬딜리버리가 공급한다면 1인당 공급할 수 있는 금액은 151,200원이다.

24만 원 × 63% = 151,200원

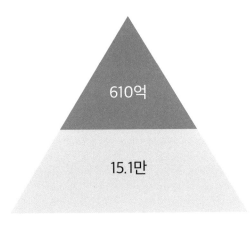

(단위: 원)

수도권의 1인 가구 중 15%가 프레쉬딜리버리의 배달 서비스를 받는다면 배달 서비스를 받는 가구는 403,500가구다.

269만 가구 × 15% = 403,500가구

이를 상향식으로 계산해보면 프레쉬딜리버리의 SOM은 610억 원이 된다.

151,200원 × 403,500가구 = 610억 원

1인 가구는 상대적으로 젊은 층이 많은데, 이들은 가게에 직접 가서 과일이나 채소를 구매하기가 어려울 수 있다. 만약 신선한 과일과 채소를 배달받을 수 있다면 소비가 더 늘어날 수도 있을 것이다. 고객 인터뷰에서 이에 대한 내용을 조사해보면 보다 현실에 가까운 시장 규모를 계산할 수 있을 것이다.

상향식 계산법은 시장의 최소 단위에서부터 점차 확대해 나가는 방식으로, 어떤 가정에서 시작하느냐에 따라 얻어지는 값이 크게 달라질 수 있으므로 하향식 계산법보다 적용하기가 더 어렵다고 할 수 있다.

/ 누구와 경쟁하는가? /

시장 규모 못지않게 투자가들이 관심을 가지는 것이 스타트업의 경쟁 상대이다. 왜냐하면 시장 규모와 경쟁 상대가 결국 그 스타트업이 어느 정도까지 성장할 수 있는지를 결정하기 때문이다. 따라서 창업자는 경쟁 상대에 대한 연구조사를 철저하게 해야 한다. 투자가는 시장을 잘 아는 창업자를 높이 평가하는데, 경쟁 상대를 잘 파악하고 있는 것도 그중 중요한 부분이다.

경쟁 상대에 관한 질문에 "저희 사업은 워낙 그 기술이 독보적이라 경쟁 상대가 없습니다"라고 대답하는 창업자를 적지 않게 봐왔다. 여러분이 이런 질문을 받는다면 절대로 이렇게 대답하지 않기를 바란다. 만약 정말로 경쟁 상대가 존재하지 않는다면 그 분야는 사업 기회가 없어서 누구도 관심을 두지 않는다는 이야기일 수 있다. 경쟁 상대가 없다고 대답한 창업자들도 아마 직접 경쟁하는 상대가 없다는 의미에서 한 말이었을 것이다.

고급 자동차 제조회사인 메르세데스-벤츠의 예를 통해 경쟁 상대에 대해 알아보자. 같은 종류의 제품이나 서비스를 제공하는 회사를 의미하는 직접 경쟁 상대에는 비엠더블유, 아우디 등이 있다. 같은 시장에서 비슷하지만 다른 제품이나 서비스를 제공하는 간접 경쟁 상대로는 지하철, 버스 같은 대중교통을 들 수 있다. 또 하나의 경쟁 상대는 대체 경쟁 상대로, 메르세데스-벤츠가 제공하는 제품을 대체하는 상품으로는 자전거를 들 수 있다.

이런 모든 종류의 경쟁 상대를 고려해야 하는 이유는, 메르세데스-벤츠라면 어떻게 하면 공공 교통이나 자전거를 이용하지 않고 자사의 차를 사게 할까를 고민해야 하기 때문이다.

따라서 경쟁 상대에 관한 질문에 "우리는 경쟁 상대가 없다"고 대답하면 투자가는 이 창업자를 세상 돌아가는 물정을 너무 모르는 순진한 사람이라고 생각할 것이다.

경쟁 상대를 찾고 모니터하는 것도 결코 쉬운 일이라고 할 수 없다. 구글, 엔젤리스트AngelList, 트위터, 매니지플리터ManageFlitter, 알렉사Alexa, 블로그스Blogs 등의 웹사이트를 활용해 경쟁 상대를 찾아내고, 구글 알리미Google alert, 멘션Mention, RSS 피드RSS feed, 링크드인, 크런치네이터

Crunchinator 등을 활용해 경쟁 상대의 동정을 모니터하는 일은 스타트업이 자신의 회사를 발전시키는 일 못지않게 중요하다고 할 수 있다.

5장

창업자가 알아야 할
최소한의 재무

특히 창업자는 현금의 중요성을 제대로 이해하고
스타트업의 재무 건강 상태를 늘 관찰해가면서
현금이 떨어지지 않도록 각별한 주의를 기울여야 한다.

정확한 재무제표가 없는 것은
밤에 안개 낀 도로를
시속 100마일로 역주행하는 것과 같다.

짐 블레싱게임 Jim Blasingame

/ 스타트업의 성과 지표, 재무 /

창업에서 성공까지는 적은 돈을 투자해 효율적으로 활용함으로써 궁극적으로 가치가 큰 회사를 만들어가는 과정이다. 창업자는 자기 스타트업의 상태와 발전 과정을 정량적으로 이해하기 위해 재무를 알아야 한다. 우선 언제 어느 정도의 자금이 필요한지 알기 위해 재무 계획을 세우고, 이를 바탕으로 초기와 중간 단계의 투자를 어디서 어떻게 받을지, 유치된 자금을 어떻게 효율적으로 활용할지를 알아야 한다. 특히 창업자는 현금의 중요성을 제대로 이해하고 스타트업의 재무 건강 상태를 늘 관찰해가면서 현금이 떨어지지 않도록 각별한 주의를 기울여야 한다.

재무를 이해하는 첫걸음은 재무제표를 이해하는 것이다. 재무제표는 회사의 재무 활동과 상태를 여러 관점에서 기록한 표들인데, 그중 재무상태표와 손익계산서, 현금흐름표 세 가지가 가장 중요하다.

/ 재무상태표 /

재무상태표는 회사가 어떻게 자금을 구하고, 사업을 위해 그 자금을 어떻게 쓰고 있는지를 보여준다.

재무상태표의 오른쪽에는 부채와 자본을 표시함으로써 회사가 어떻게 자금을 조달했는지를 보여준다. 왼쪽에는 이 자금으로 어떤 자산을 준비해서 사업에 활용했는지를 보여준다.

재무상태표의 오른쪽과 왼쪽의 관계를 식으로 나타내면 '자산＝부채＋자본'이 되고, 이 관계를 '회계등식'이라고 부른다. 언제나 자산의

/ 그림 12 / 그림으로 나타낸 재무상태표

자산

부채

자본

합계와 부채와 자본을 더한 합계가 같아서 표의 좌우 균형이 유지되므로 '대차대조표balance sheet'라고도 부른다.

자산 = 부채 + 자본

재무상태표에 대해 좀 더 쉽게 이해하고 싶다면 재무상태표를 직접 작성해보는 것이 가장 좋은 방법이다. 여기서 가상의 스타트업인 펜컴퍼니의 창업 첫 해의 활동을 따라가면서 재무상태표를 작성해보자.

/ 표 1 / 펜컴퍼니의 2020년 활동

	활동
1	창업자가 펜컴퍼니를 자신의 돈 3,000달러와 빌린 돈 4,000달러로 창업했다.
2	생산 장비를 현금 4,000달러로 샀다.
3	원자재 3,000달러어치를 외상으로 샀다.
4	2,000달러의 원자재와 500달러의 노동 비용을 들여 제품을 생산했다.
5	제품을 5,000달러에 모두 팔았는데, 절반은 현금으로 받고 나머지는 외상이다.
6	외상매입금 전부와 빌린 돈의 이자 10%를 갚았다.
7	창업자 자신의 급여로 1,000달러를 지불했다.
8	연말에 생산 장비의 20%를 감가상각했다.

1. 창업

창업자가 펜컴퍼니를 자신의 돈 3,000달러와 빌린 돈 4,000달러로 창업했다.

2020년 초에 창업한 이 회사에는 창업 당일 7,000달러의 현금이 있는데, 이 중 3,000달러는 창업자가 투자한 돈이고 4,000달러는 빌린 돈이다. 따라서 재무상태표의 왼쪽 현금 항목에 7,000달러를, 오른쪽 부채에 4,000달러와 자본금에 3,000딜러를 표시한다.

(단위: 달러)

활동	현금	외상 매출금	원자재 재고	완제품 재고	생산 장비	부채	외상 매입금	자본금
1	7,000	0	0	0	0	4,000	0	3,000

이처럼 재무상태표는 왼쪽에 회사가 보유하고 있는 자산의 형태(현금)와 크기(7,000달러)를 보여주고, 오른쪽에 그 자산이 어떻게 조달되었는지를 보여준다. 그리고 재무상태표는 한 시점인 2020년 창업 당시 활동 1이 끝났을 때의 재무상태다. 회사에서 벌어지는 하나하나의 재무 활동에 의해 회사의 재무상태표는 계속 변화하게 된다.

2. 장비 구매

생산 장비를 현금 4,000달러에 샀다.

현금이 4,000달러가 줄어들고, 대신 동일한 가치의 장비가 생겼다. 표의 오른쪽에는 변화가 없다.

(단위: 달러)

활동	현금	외상 매출금	원자재 재고	완제품 재고	생산 장비	부채	외상 매입금	자본금
	7,000	0	0	0	0	4,000	0	3,000
2	−4,000				4,000			
	3,000	0	0	0	4,000	4,000	0	3,000

회사에 어떤 재무 활동이 발생하면 재무상태표의 왼쪽과 오른쪽에 같은 양의 변화가 표시된다는 것을 알 수 있다. 장비를 구입할 경우 현금이 줄어드는 대신 동일한 가치만큼의 장비가 생긴다. 따라서 회사가 보유한 자산의 합에는 변화가 없고, 표의 오른쪽에 있는 부채와 자본의 합에도 변화가 없다.

3. 원자재 외상 구매

원자재 3,000달러어치를 외상으로 샀다.

새로 생긴 원자재 재고 3,000달러를 재무상태표의 왼쪽에 기록한다. 외상으로 구매했기 때문에 현금에는 변화가 없다. 재무상태표의 오른쪽에는 외상매입금을 기록한다. 왜냐하면 공급자로부터 원자재를 공급받으면서 나중에 대금을 지불하기로 했다면 사실상 공급업자가 그 기간 동안 회사에 돈을 빌려준 셈이기 때문이다.

(단위: 달러)

활동	현금	외상 매출금	원자재 재고	완제품 재고	생산 장비	부채	외상 매입금	자본금
	3,000	0	0	0	4,000	4,000	0	3,000
3			3,000				3,000	
	3,000	0	3,000	0	4,000	4,000	3,000	3,000

4. 제품 생산

2,000달러의 원자재와 500달러의 노동 비용을 들여 제품을 생산했다.

원자재의 가치와 노동 비용의 합에 해당하는 완제품 재고가 생긴다.

(단위: 달러)

활동	현금	외상매출금	원자재재고	완제품재고	생산장비	부채	외상매입금	자본금
	3,000	0	3,000	0	4,000	4,000	3,000	3,000
4	−500		−2,000	2,500				
	2,500	0	1,000	2,500	4,000	4,000	3,000	3,000

5. 제품 판매

제품을 5,000달러에 모두 팔았는데, 절반은 현금으로 받고 나머지는 외상이다.

완제품 재고가 2,500달러 감소하여 0이 되고, 매출액으로 인해 현금과 외상매출금이 각각 2,500달러 증가한다. 팔아서 생긴 이익 2,500달러는 자본금으로 들어간다.

(단위: 달러)

활동	현금	외상매출금	원자재재고	완제품재고	생산장비	부채	외상매입금	자본금
	2,500	0	1,000	2,500	4,000	4,000	3,000	3,000
5	2,500	2,500		−2,500				2,500
	5,000	2,500	1,000	0	4,000	4,000	3,000	5,500

6. 외상매입금과 이자

외상매입금 전부와 빌린 돈의 이자 10%를 갚았다.

외상매입금 3,000달러와 이자 400달러를 갚음으로써 현금 3,400달러가 줄어든다. 외상매입금은 0이 되고, 이자로 나간 400달러만큼 자본금이 감소한다.

활동	현금	외상 매출금	원자재 재고	완제품 재고	생산 장비	부채	외상 매입금	자본금
	5,000	2,500	1,000	0	4,000	4,000	3,000	5,500
6	−3,400						−3,000	−400
	1,600	2,500	1,000	0	4,000	4,000	0	5,100

7. 급여

창업자 자신의 급여로 1,000달러를 지불했다.

현금과 자본금이 각각 1,000달러 감소한다.

활동	현금	외상 매출금	원자재 재고	완제품 재고	생산 장비	부채	외상 매입금	자본금
	1,600	2,500	1,000	0	4,000	4,000	0	5,100
7	−1,000							−1,000
	600	2,500	1,000	0	4,000	4,000	0	4,100

8. 감가상각

연말에 생산 장비의 20%를 감가상각했다.

생산 장비의 가치가 800달러어치 줄어들고, 자본금도 800달러 줄어든다.

활동	현금	외상 매출금	원자재 재고	완제품 재고	생산 장비	부채	외상 매입금	자본금
	600	2,500	1,000	0	4,000	4,000	0	4,100
8					−800			−800
	600	2,500	1,000	0	3,200	4,000	0	3,300

이렇게 작성한 재무상태표 전체가 표 2에 나와 있다. 그리고 이 재무상태표를 일반적인 형태로 정리하면 표 3과 같다.

/ 표 2 / 펜컴퍼니의 2020년 말 재무상태표 1

2020. 12. 31.　　　　　　　　　　　　　　　　　　　　　　　　　　　　(단위: 달러)

활동	현금	외상매출금	원자재재고	완제품재고	생산장비	부채	외상매입금	자본금
1	7,000	0	0	0	0	4,000	0	3,000
	−4,000				4,000			
	3,000	0	0	0	4,000	4,000	0	3,000
3			3,000				3,000	
	3,000	0	3,000	0	4,000	4,000	3,000	3,000
4	−500		−2,000	2,500				
	2,500	0	1,000	2,500	4,000	4,000	3,000	3,000
5	2,500	2,500		−2,500				2,500
	5,000	2,500	1,000	0	4,000	4,000	3,000	5,500
6	−3,400						−3,000	−400
	1,600	2,500	1,000	0	4,000	4,000	0	5,100
7	−1,000							−1,000
	600	2,500	1,000	0	4,000	4,000	0	4,100
8					−800			−800
	600	2,500	1,000	0	3,200	4,000	0	3,300

/ 표 3 / 펜컴퍼니의 2020년 말 재무상태표 2

2020. 12. 31.　　　　　　　　　　　　　　　　　　　　　　　　　　　　(단위: 달러)

현금	600	부채	4,000
외상매출금	2,500	자본금	3,300
원자재 재고	1,000		
생산 장비	3,200		
자산 총계	7,300	부채 및 자본 총계	7,300

/ 손익계산서 /

　손익계산서는 회사가 이익을 얼마나 냈는지 알기 위해 작성하는 표이다. 그림 13에 매출의 구성이 나와 있는데, 손익계산서는 재무상태표처럼 왼쪽, 오른쪽으로 나뉘는 게 아니고 왼쪽에 기록한 매출의 내용을 오른쪽에 펼쳐놓는다고 생각하면 좋겠다.

　손익계산서에는 정해진 기간 동안 회사가 제품을 팔거나 서비스를 제공함으로써 매출을 얼마나 일으켰고, 그 매출을 일으키기 위해 얼마를 지출했으며, 결과적으로 얼마만큼의 이익 또는 손실이 났는지가 나온다.

/ 그림 13 / 그림으로 나타낸 매출의 구성

회사가 제품을 생산하기 위해 지출한 항목은 매출원가와 비용으로 나뉜다. 매출원가는 원자재 가격, 생산직 근로자의 임금 등 제품을 만드는 데 직접 들어간 부분이고, 비용은 영업 활동, 사무직 근로자의 임금 등 간접적으로 제품 판매에 기여한 부분이다.

펜컴퍼니가 창업을 한 첫해인 2020년의 연간 손익계산서를 작성해 보자. 2020년에 일어난 주요 활동은 표 1을 참조한다. 펜컴퍼니의 매출에 관련된 정보는 5번 활동에 나와 있는데, 제품을 5,000달러에 모두 팔았으므로 매출은 5,000달러가 된다. 매출액을 표 4 손익계산서의 제일 윗줄에 기입한다. 여기서 매출 대금을 받았든 외상을 줬든 모두 매출로 기입한다는 사실에 유의하자.

이익(또는 손실)의 규모를 알기 위해서는 매출액과 매출에 관련된 매출원가를 정확히 산정하여 비교해야 한다. 4번 활동에 나와 있는 원자재 2,000달러어치와 노동 비용 500달러 외에도 생산 장비 관련 비용이 원가에 포함돼야 한다. 장비는 4,000달러에 사서 5년 동안 쓸 것이 예상되므로 해마다 장비 가격의 5분의 1에 해당하는 800달러를 원가에 포함시켜야 한다. 감가상각을 하는 것이다. 원자재와 노동 비용, 장비의 감가상각비를 표 4의 매출액 다음에 기록한다. 이 세 항목은 매출에 직접 연관된 원가라 하여 '매출원가'라고 부른다.

장비는 수명이 유한하므로 그 사용 연한을 고려해 해마다 가치를 빼나간다. 이를 '감가상각'이라고 한다. 손익계산서에서는 장비 구입 비용을 장비 사용 기간 동안 배분하여 손익계산을 한다는 데 의미가

/ 표 4 / 펜컴퍼니의 손익계산서

2020년			(단위: 달러)
1	매출		5,000
2	원자재		2,000
3	노동 비용		500
4	감가상각		800
2+3+4=5	매출원가		3,300
1−5=6	매출이익		1,700
7	비용		1,000
6−7=8	영업이익		700
9	이자		400
8−9=10	세전이익		300

있다. 펜컴퍼니가 2년차에 새로운 투자 없이 같은 장비로 계속 생산을 했다면 2년차의 손익계산서는 그림 14와 같다. 2년차에도 1년차와 같은 감가상각액이 매출원가에 들어가게 되는 것이다. 장비 구입 대금은 1년차에 모두 지불했지만 손익계산서의 매출원가에는 5년에 걸쳐 해마다 장비 대금의 5분의 1이 포함된다. 감가상각은 중요한 개념이므로 꼭 이해하고 넘어가도록 하자.

표 4의 여섯 번째 줄에 매출액과 매출원가의 차이, 즉 매출이익 1,700달러를 기록한다. 매출이익은 회사 재무 건강의 핵심 척도다. 매출이익이 충분해야 회사 운영에 필요한 영업마케팅 활동, 연구개발 등의 비용을 충분히 쓸 수 있고, 세금까지 내고나서 매력적인 순이익을 남길 수 있게 된다.

/ 그림 14 / 펜컴퍼니의 2년차 손익계산서와 생산 장비 감가상각

2020년에 펜컴퍼니는 생산한 제품을 모두 팔았다. 그런데 만약 표 1의 활동 4와 달리 보유한 원자재 3,000달러 전부와 노동 비용 750달러를 들여 제품을 만들고, 만든 제품 중 3분의 2, 즉 2,500달러어치를 5,000달러에 팔았다고 가정하고 두 경우를 비교해 보자. 이 두 가지 경우, 손익계산서에는 어떤 변화가 있을까?

1. 2,000달러의 원자재와 500달러의 노동 비용을 들여 제품을 생산했다. 만든 제품을 5,000달러에 모두 팔았다.

2. 3,000달러의 원자재 전부와 750달러의 노동 비용을 들여 제품을 생산했다. 만든 제품 중 3분의 2를 5,000달러에 팔았다.

손익계산서를 작성하는 목적은 회사에 이익이 얼마가 났는지 정확히 계산하는 것이고, 이를 계산하기 위해서는 매출에 대한 원가를 정확히 알아야 한다.

그 답을 얻기 위해 우선 그림 15에서 원자재 재고가 어떻게 재공在工재고, 완제품 재고로 바뀌어가는지를 살펴보자. 생산 전의 원자재 재고는 그림 15-A와 같다. 여기서 수직 축은 가치를 나타낸다.

이 원자재를 써서 생산을 하면 일부는 제품이 완성되어 완제품 재고로 바뀌고, 나머지는 재공 재고, 즉 생산 공정에 있게 된다. 수직축을 비교해 보면 완제품 재고의 가치가 원자재 재고의 가치보다 큰데, 이는 생산 과정에서 인건비 등이 추가되기 때문이다. 재공 재고는 생산 공정이 진행됨에 따라 인건비 등이 추가되어 그 가치가 단계적으로 올라가게 된다. 이 상황을 그림으로 나타내면 그림 15-B와 같다.

완제품 재고 중 일부가 팔려 그림 15-C의 파란색 상자만큼의 매출이 발생했다면, 매출원가는 파란색 상자 내의 검은색 부분이 된다. 따라서 팔리지 않고 남아 있는 완제품 재고는 손익계산서에 나타나지 않고 매출원가에도 영향을 미치지 않는다.

결론을 말하자면, 여기서 비교한 두 경우는 생산량이 달라 완제품 재고량은 다르지만 매출액과 매출원가가 같다. 따라서 두 번째 경우의 손익계산서도 앞에 나오는 표 4와 같다. 한편 재무상태표에서는 두 번째 경우 원자재를 모두 사용했으므로 원자재 재고는 0이 되고, 완제품 재고는 1,250달러(3,750달러-2,500달러)가 된다. 결과적으로 여기서

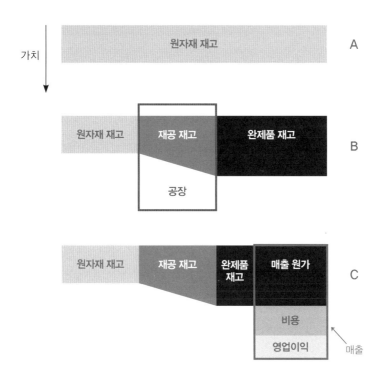

/ 그림 15 / 그림으로 나타낸 재고

비교한 두 경우는 손익계산서에서는 차이가 없고, 재무상태표에서는 재고가 다르게 표시된다.

매출원가는 아니지만 회사의 다른 활동들도 매출에 간접적으로 기여한다. 예를 들어 사장과 영업·연구개발 인력의 급여, 사무실 임대료 등은 매출원가에 포함시키기에는 거리가 있지만 회사의 활동에 없어서는 안 되는 부분이다. 이 부분을 '비용'이라고 부르는데, 펜컴퍼니의 경우는 사장의 급여가 여기에 해당된다.

표 4의 매출이익 1,700달러에서 비용 1,000달러를 빼면 영업이익 700달러를 얻게 된다. 영업이익을 보면 회사의 제품이 얼마나 많은 수요가 있는지(매출), 얼마나 효율적으로 제품을 제공하는지(매출원가와 비용)를 알 수 있다. 즉, 영업이익은 회사가 좋은 제품을 가지고 있는지, 그리고 효율적으로 경영되고 있는지를 알 수 있는 핵심 지표이다.

회사에 빌린 돈이 있으면 그 이자를 내야 하는데, 이자는 회사의 경영 활동과는 직접 관련이 없으므로 별도로 기입한다. 영업이익에서 이자 비용을 뺀 결과를 '세전이익' 또는 'EBT Earnings Before Tax'라고 한다. 세전이익에서 정해진 세율만큼의 법인세를 내고 최종적으로 남는 것이 회사의 '순이익'이 된다.

재무상태표와 손익계산서는 밀접한 관계가 있고, 한쪽이 변화가 있으면 다른 쪽에도 영향을 미친다. 회사는 손익계산서상의 순이익을 높이려고 노력하는데, 순이익의 증가는 재무상태표의 자기자본금의 증가로 연결된다.

회사가 순이익을 내면 그 일부를 주주들에게 나누어줄 수 있고, 이를 '배당금'이라고 한다. 순이익에서 배당금을 빼고 남는 이익금은 자기자본금으로 들어가서 회사의 활동에 재투자된다. 따라서 자기자본금의 증가는 순이익의 증가에서 배당금을 뺀 만큼이 된다. 잘 운영되는 회사는 이익금이 쌓여 자기자본금이 계속 증가하게 된다.

자기자본금 = 이전 자기자본금 + 순이익 – 배당금

손익계산서에서 발생하는 매출은 새무상태표의 현금이나 외상매출금의 증가로 연결된다. 직원의 급여는 업종에 따라 손익계산서에서는 매출원가(생산직) 또는 비용(사무직)의 증가로 이어진다. 한편 재무상태표에서는 급여를 현금으로 지급하면 현금의 감소로, 아직 지급하지 않았으면 미지급금의 증가로 나타난다.

/ 현금흐름표 /

창업을 해서 회사를 키워본 창업자들은 현금이 있어야 다달이 직원들 월급 주고 임대료 내고 거래처에 대금을 지불할 수 있다는 것을 잘 알고 있을 것이다. 내일이 월급날인데 은행 잔고가 바닥이라서 애를 태운 적도 있을 것이다. 회사를 경영하는 데는 현금이 없으면 안 된다. 결국 현금은 충분하게 있으면 회사를 잘 굴러가게 하고, 떨어지면 회사를 망하게 하는, 회사의 성패를 좌우하는 가장 직접적이고 중요한 수단이다. 그래서 "현금이 왕"이라는 말도 있다.[23]

현금흐름의 개념은 그림 16에 설명되어 있다. 회사를 물탱크에, 현금을 이 물탱크를 드나드는 물에 비유한다면, 현금은 투자, 차입과 이익의 형태로 공급된다. 그리고 현금은 제품이나 서비스 개발비, 제품

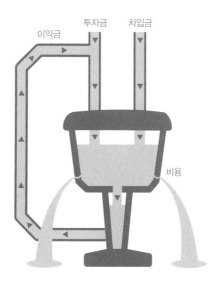

생산비, 회사 운용에 지출되는 비용 등으로 새 나간다. 만약 현금흐름이 원활하게 이뤄지지 않으면 회사라는 물탱크는 물이 바닥이 나고 더 이상 유지할 수 없게 된다. 창업자는 물탱크의 수위가 어느 정도 이상으로 늘 유지되도록 물 공급은 잘되고 있는지, 새 나가는 물의 양에는 문제가 없는지 늘 세심하게 관찰해야 한다. 이처럼 현금은 회사가 살아 움직이기 위해 없어서는 안 될 피 같은 존재이기 때문에 창업자가 가장 신경 써서 관리해야 할 항목이 바로 현금흐름이다.

그런데 손익계산서상의 이익이 곧 현금을 의미하는 것은 아니다. 그 이유는 다음과 같다.

1. 고객에게 제품을 납품하거나 서비스를 제공하면 바로 매출로 기록되지만 현금 수금은 일반적으로 시차를 두고 일어난다.

2. 손익계산서에서 매출원가와 비용은 매출과 대응되는 부분만을 기록하므로 재고를 준비하기 위해 지불한 현금은 반영되지 않는다.

3. 비용은 시차를 두고 나중에 지불하게 되는 경우가 많다. 즉 손익계산서에 기록되는 비용과 현금이 지출되는 시점에는 차이가 있다.

4. 장비 같은 자본재에 한 투자는 전체가 손익에 반영되지 않고 감가상각분만 반영된다. 이런 장비들은 사용 연한에 걸쳐 일부분씩 감가상각되면서 손익에 반영된다. 예를 들어 그림 14에서 보았듯이 감가상각 기간이 5년이라면 한 해에 장비 투자 금액의 5분의 1만 손익계산서에 기입한다. 반면 현금흐름표에는 장비를 구입할 때 지불한 돈이 바로 기입된다.

순이익과 현금흐름의 차이를 이해하는 것은 창업자에게 중요한 일이다. 손익계산서상에서 흑자를 내더라도 현금이 떨어지면 도산을 할수도 있기 때문이다.

현금흐름의 종류는 세 가지가 있는데, 영업 활동과 투자 활동, 재무활동에 관한 것이다. 영업 활동에 의한 현금흐름은 회사의 주된 활동에 의해 현금이 들어오고 나가는 것을 말한다. 고객으로부터 들어오는 현금, 공급자·직원·건물 주인 등에게 나가는 현금이 여기에 포함된다. 이러한 현금흐름은 사업이 얼마나 활발하게 돌아가는지를 알 수 있는 척도이기에 가장 중요하다. 영업 활동에 의한 현금흐름이 건전하면 회사가 흑자를 유지하고, 흑자가 현금으로 순조롭게 변환되며, 이 현금을 재투자해서 추가되는 투자금이나 차입금 없이 지속적인 성장을 할 수 있게 된다.

투자 활동에 의한 현금흐름은 회사의 활동을 위해 투자하는 현금을 의미한다. 투자 활동의 예로는 공장 건설, 건물과 장비 구입 등을 들 수 있다.

그리고 재무 활동에는 은행에서 돈을 빌리거나 차입금 상환, 투자가로부터 투자금을 받거나 배당금을 지급하는 활동 등이 포함된다. 이 항목을 통해서 회사가 외부로부터의 자금 조달에 얼마나 의존하고 있는지를 알 수 있다.

현금흐름은 손익계산서와, 손익계산서가 시작되는 시점과 끝나는 시점에 작성한 재무상태표로 계산할 수 있다.

펜컴퍼니의 2020년 재무상태표(표 3)와 손익계산서(표 4)를 이용해 현금흐름표를 만들어보자.

창업 첫해이므로 펜컴퍼니의 2020년 시작 시점의 재무상태표는 모든 항목이 '0'이다. 따라서 연말 재무상태표의 값이 바로 변화량이라고 할 수 있다.

펜컴퍼니의 2020년 현금흐름 계산은 세전이익 300달러에서 출발한다. 현금흐름을 계산할 때는 세전이익이 어떤 과정을 거쳐 구해졌는지 고려해야 한다. 세전이익 300달러를 구할 때 감가상각비 800달러를 뺐는데, 실제로는 현금이 들어가지 않았으므로 감가상각비에 해당하는 800달러를 더해준다. 그리고 손익계산서에는 재고에 관한 내용이 나오지 않으므로 세전이익은 재고로 인해 영향을 받지 않는다. 그러나 재고를 보유하기 위해서는 현금을 지불해야 한다. 따라서 재고의 증가분만큼 사용한 현금을 빼준다(-1,000달러). 그리고 외상매출금은 세전이익에는 기여했으나 현금이 아직 회수되지 않은 상태이므로 빼준다(-2,500달러). 여기까지가 영업 활동으로 인한 현금흐름이고, 그 금액은 -2,400달러다.

세전이익 300 + 감가상각비 800 - 원자재 재고 1,000 - 외상매출금 2,500 = -2,400달러

두 번째는 투자 활동에 의한 현금흐름으로, 펜컴퍼니는 생산 장비에 투자했으므로 현금흐름은 -4,000달러가 된다.

세 번째는 재무 활동에 의한 현금흐름으로, 여기에는 투자금과 차입금이 해당된다. 따라서 재무활동에 의한 현금흐름은 '3,000달러 + 4,000달러 = 7,000달러'이다.

총 현금흐름의 증감은 이 세 가지 금액을 더해 구할 수 있는데, '-2,400달러 - 4,000달러 + 7,000달러 = 600달러'가 나온다. 이는 표 3의 2020년 12월 31일 재무상태표의 현금 보유액과 일치한다.

현금은 회사의 재무 건강을 가장 직접적으로 보여주는 지표다. 현

금흐름표를 읽으면 회사의 이익이 현금으로 제대로 바뀌고 있는지 알 수 있다. 또 앞으로 회사가 직면하게 될지도 모를 문제의 징후를 조기에 발견할 수 있고, 현금흐름을 건강하게 관리할 수 있게 된다.

현금흐름은 이익률, 자기자본금과 더불어 회사의 재무 건강의 핵심 척도다. 그리고 회사가 얼마나 잘되고 있는지를 알기 위해서는 재무상태표, 손익계산서, 현금흐름표, 이 세 가지 척도가 모두 필요하며, 창업자는 이 세 가지 재무제표를 제대로 이해하고 활용할 수 있어야 한다.

/ 재무 계획 세우기 /

스타트업은 상세한 재무 계획을 세우고, 그것을 실천해나가는 것이 중요하다. 창업자는 재무 계획을 통해 필요한 자금의 규모와 시기를 정하고 투자 유치를 해야 하는 것이다.

일반적으로 스타트업은 창업 초기에 매출 없이 비용을 지출해야 하는 기간을 거치게 된다. 매출이 발생하고 점점 늘어나기 시작하면 거기에 맞춰 생산량을 늘리거나 물품 구입을 늘려야 하고 재고도 관리해야 한다. 업무가 늘어나면 인력이 많아지는 만큼 급여도 늘어나고, 직원들이 일하는 공간에 들어가는 비용도 늘어나게 된다. 제품 생산에 필요한 장비나 제품 설계에 쓰이는 컴퓨터 등 사업에 필요한 투자도 계획해야 한다.

여기서는 펜컴퍼니가 창업한 다음 해인 2021년의 활동을 통해 재무 계획을 세워보자. 지금까지 배운 재무제표에 대해 복습도 할 겸 여러분이 직접 작성해 보기 바란다. 엑셀 프로_l램을 이용해 표 5 같은 간단한 표를 만들어도 좋고, 계산이 복잡하지 않으니 책에 나와 있는 표의 빈칸에 직접 숫자를 적어 넣어도 된다.

재무 계획은 매출 계획으로 시작한다. 분기별(또는 월별) 판매량과 단가를 정해 매출액을 결정한다. 매출 계획을 세운 다음에는 생산 계획을 세운다. 표 5에 펜컴퍼니의 2021년 분기별 매출 계획과 사업을 유지하는 데 필요한 적정 재고 수준이 나와 있다. 2020년 말에 완제품 재고가 없는 상태에서 2021년 1분기에 2,000개를 판매하고 1,000개의 재고를 남기려면 총 3,000개를 생산해야 한다. 즉, 당기 생산 물량은 '당기 매출 물량 + 당기 재고 물량 – 전기 재고 물량'으로 표시된다. 같은 방법으로 2분기, 3분기, 4분기의 생산 계획도 세워보자.

다음에는 인력 채용 계획을 세운다. 각 부문에서 필요한 인원수를 정하고 연봉을 정해 분기별 소요 금액을 정한다.

/ 표 5 / 펜컴퍼니의 2021년 매출 계획 및 재고 계획

분기	1	2	3	4
매출 물량(개)	2,000	2,000	3,000	3,000
단가(달러)	1.0	1.0	1.0	1.0
생산 물량(개)				
재고 물량(개)	1,000	2,000	2,000	2,000

펜컴퍼니의 인력 채용 계획은 비교적 간단해 2021년 초에 생산 담당 직원을 한 명 채용한다. 인건비는 생산 담당 직원의 연봉이 1,200달러고, CEO의 연봉이 2,000달러다.

매출 계획, 생산 계획, 인력 채용 계획을 세웠다면 회사를 운영하는 데 들어가는 비용을 계획한다. 사무실 임대료, 소모품비, 출장비, 제품 개발비 등이 여기에 해당된다. 비용은 통상 직원 수에 비례하므로 비용을 절약하기 위해서는 직원 채용에 신중을 기할 필요가 있다.

마지막으로 고려할 것은 장비 구매 같은 고정자산에 대한 투자다. 펜컴퍼니를 운영하는 데 들어가는 기타 비용은 연간 1,000달러, 분기당 250달러다.

표 6에는 펜컴퍼니의 2021년 활동 계획이 정리되어 있다.

그렇다면 지금까지의 계획을 바탕으로 현금흐름표를 만들어보자.

/ 표 6 / 펜컴퍼니의 2021년 활동 계획

	활동
1	(1분기) 엔젤펀딩 _____달러.
2	(1분기) 원자재 5,000달러 현금 구매.
3	(1분기) 지난해의 외상매출금 2,500달러 수금.
4	(1분기) 생산직 직원을 연초에 채용(연봉 1,200달러).
5	총 12,000개의 펜을 생산. 연말 원자재 재고는 1,200달러.
6	CEO의 연봉은 2,000달러, 다른 비용 연간 1,000달러.
7	총 10,000개의 펜을 개당 1달러에 판매. 1분기 후에 현금으로 수금.
8	(4분기) 차입금 이자 10%를 지불.
9	(4분기) 장비의 20% 감가상각.

우선 새로 투자가 이뤄지지 않은 상태에서 현금 보유 현황을 확인해 새로운 투자가 필요한지, 필요하다면 언제 얼마가 필요한지를 판단한다.

표 7에 2021년 1분기 펜컴퍼니의 현금흐름표를 작성해보자. 회사로 들어온 현금은 '+', 회사에서 나간 현금은 '-'로 기록한다.

/ 표 7 / 현금흐름표 양식

(단위: 달러)

		1분기	2분기	3분기	4분기
	기초 현금	600			
영업 활동 현금흐름	원자재 구매				
	매출 수금				
	생산직 직원 임금				
	대표 임금				
	기타 비용				
	은행 이자				
	소계				
투자 활동 현금흐름					
재무 활동 현금흐름	엔젤펀딩				
	현금 변화				
	기말 현금				

연초의 현금 보유액은 600달러다. 원자재 구입에 현금 5,000달러를 썼으므로 원자재 구매 항목에 '-5,000달러'를 기입하고, 지난해의 외상매출금을 수금했으므로 매출 수금 항목에 '+2,500달러'를 기입한다. 생산직 직원의 연봉 중 1분기에 해당하는 '-300달러'와 대표의 연봉 중 1분기에 해당하는 '-500달러'를 각각 기입하고, 연간 기타 비용

중 1분기에 해당하는 '-250달러'를 기입한다. 이러한 내용을 기록한 결과가 표 8에 나와 있다. 이와 같은 방식으로 2분기, 3분기, 4분기의 현금흐름표도 작성할 수 있다.

　표 9는 펜컴퍼니의 생산 물량 계획에 관한 표다.

/ 표 8 / 펜컴퍼니의 1분기 현금흐름표 작성 결과

(단위: 달러)

		1분기	2분기	3분기	4분기
	기초 현금	600			
	원자재 구매	−5,000			
	매출 수금	2,500			
	생산직 직원 임금	−300			
영업 활동 현금흐름	대표 임금	−500			
	기타 비용	−250			
	은행 이자				
	소계	−3,550			
투자 활동 현금흐름					
재무 활동 현금흐름	엔젤펀딩				
	현금 변화	−3,550			
	기말 현금	−2,950			

/ 표 9 / 생산 물량 계획표

분기	1	2	3	4
매출 물량(개)	2,000	2,000	3,000	3,000
단가(달러)	1.0	1.0	1.0	1.0
생산 물량(개)	3,000	3,000	3,000	3,000
재고 물량(개)	1,000	2,000	2,000	2,000

그리고 2021년 전체의 현금흐름표가 표 10에 나와 있다. 2분기 이후의 매출 수금은 표 6의 활동 7에 나와 있듯이 매출 발생 1분기 후에 일어난다. 표 10을 보면 2021년 1분기 말 펜컴퍼니의 현금 보유액은 -2,950달러일 것으로 예상된다. 따라서 자금 조달이 필요한 상황이다. 나의 수업에서 학생들에게 현금흐름표를 작성하게 한 후 투자 계획에 대해 물어보면 많은 학생들이 2,950달러의 투자를 받겠다고 한다. 그러나 투자 계획을 잡을 때 간과해서는 안 될 것들이 있다.

하나는, 투자를 받을 때는 계획에 차질이 생길 때를 대비해 여유분까지 계산해야 한다는 것이다. 또 하나는 -2,950달러는 1분기 말의 현

/ 표 10 / 펜컴퍼니의 2021년 분기별 현금흐름표

(단위: 달러)

		1분기	2분기	3분기	4분기
	기초 현금	600	-2,950	-2,000	-1,050
영업 활동 현금흐름	원자재 구매	-5,000			
	매출 수금	2,500	2,000	2,000	3,000
	생산직 직원 임금	-300	-300	-300	-300
	대표 임금	-500	-500	-500	-500
	기타 비용	-250	-250	-250	-250
	은행 이자				-400
	소계	-3,550	950	950	1,550
투자 활동 현금흐름					
재무 활동 현금흐름	엔젤펀딩				
	현금 변화	-3,550	950	950	1,550
	기말 현금	-2,950	-2,000	-1,050	500

금 수준으로, 1분기 동안 있을 현금의 변화를 고려해야 한다는 것이다. 표 6의 활동 계획 2를 보면 현금 5,000달러를 들여 원자재를 구매할 계획인데, 실제로는 현금이 600달러밖에 없다. 따라서 5,000달러 혹은 그 이상의 투자를 받을 필요가 있다.

2021년 1분기에 엔젤투자를 5,000달러 받을 경우의 현금흐름표를 작성해보면 표 11과 같다.

/ 표 11 / 엔젤투자 5,000달러를 받을 경우의 현금흐름표

(단위: 달러)

		1분기	2분기	3분기	4분기
	기초 현금	600	2,050	3,000	3,950
영업 활동 현금흐름	원자재 구매	−5,000			
	매출 수금	2,500	2,000	2,000	3,000
	생산직 직원 임금	−300	−300	−300	−300
	대표 임금	−500	−500	−500	−500
	기타 비용	−250	−250	−250	−250
	은행 이자				−400
	소계	−3,550	950	950	1,550
투자 활동 현금흐름					
재무 활동 현금흐름	엔젤펀딩	5,000			
	현금 변화	1,450	950	950	1,550
	기말 현금	2,050	3,000	3,950	5,500

이렇게 엔젤투자를 받은 상황에서 표 6 '펜컴퍼니의 2021년 활동 계획'에 제시된 아홉 가지 활동 내용을 재무상태표로 작성해보자.

/ 표 12 / 재무상태표 양식

20 . . . (단위: 달러)

활동	현금	외상 매출금	원자재 재고	완제품 재고	장비	부채	자기 자본금
2021년 초	600	2,500	1,000		3,200	4,000	3,300
1							
2							
3							
4							
5							
6							
7							
8							
9							
2021년 말							

표 13에 재무상태표 작성 결과가 나와 있는데, 표 12를 이용하거나 엑셀 파일에 양식을 그려 반드시 본인이 직접 작성해보기 바란다.

펜컴퍼니의 2021년 활동 계획 7에서는 1년간 10,000개의 펜을 단가 1달러에 판매하는데, 판매 대금 수금은 1분기 후에 한다. 1~3분기에 총 7,000개를 팔아서 발생한 매출 7,000달러는 현금으로 기입하고, 4분기 매출 3,000달러는 외상매출금으로 기입한다(표 9 참조). 2021년에 총 12,000개의 펜을 만드는데, 그중 10,000개 팔아서 10,000달러의 매출을 올렸고, 완제품 재고의 가치는 6분의 5(10,000개 ÷ 12,000개)인 5,000달러(6,000달러 × 5 ÷ 6)가 감소하게 된다. 그리고 5,000달러 가치

/ 표 13 / 펜컴퍼니의 2021년 재무상태표 1

2021. 12. 31.   (단위: 달러)

활동	현금	외상 매출금	원자재 재고	완제품 재고	장비	부채	자기 자본금
2021년 초	600	2,500	1,000		3,200	4,000	3,300
1	5,000						5,000
2	−5,000		5,000				
3	2,500	−2,500					
4	−1,200			1,200			
5			−4,800	4,800			
6	−3,000						−3,000
7	7,000	3,000		−5,000			5,000
8	−400						−400
9					−800		−800
2021년 말	5,500	3,000	1,200	1,000	2,400	4,000	9,100

의 완제품 재고를 10,000달러에 판매하는데, 이 거래에서 발생한 이익금 5,000달러는 〈손익계산서〉에서 설명했듯이 자기자본금에 기입한다.

표 6의 활동 계획 4에 나오는 생산직 직원의 연봉 1,200달러는 생산활동에 쓰이는 것이므로 완제품 재고의 가치 증가로 이어진다.

표 14에는 정리된 2021년 12월 31일 펜컴퍼니의 재무상태표가 나와 있다.

/ 표 14 / 펜컴퍼니의 2021년 재무상태표 2

2021. 12. 31.   (단위: 달러)

현금	5,500	부채	4,000
외상매출금	3,000	지기자본금	9,100
원자재 재고	1,200		
완제품 재고	1,000		
장비	2,400		
자산 총계	13,100	부채 및 자본 총계	13,100

이번에는 손익계산서를 작성해보자. 표 16의 완성된 손익계산서를 보기에 앞서 직접 아래 표의 빈칸을 채워보자.

/ 표 15 / 손익계산서 양식

2021년   (단위: 달러)

1	매출	
2	원자재	
3	노동 비용	
4	감가상각	
2+3+4=5	매출원가	
1−5=6	매출이익	
7	비용	
6−7=8	영업이익	
9	이자	
8−9=10	세전이익	

펜컴퍼니는 2021년에 총 10,000개의 펜을 개당 1달러씩에 팔았다. 2021년에 생산한 12,000개의 펜 중 매출에 기여한 부분이 10,000개이므로 투입된 원자재 4,800달러와 노동 비용 1,200달러의 6분의 5에 해당하는 4,000달러와 1,000달러가 매출원가의 일부가 된다. 그리고 생산 장비에 대한 감가상각비 800달러도 매출원가에 포함된다. 비용은 CEO의 연봉과 연간 기타 비용 1,000달러로 총 3,000달러다.

/ 표 16 / 펜컴퍼니의 2021년 손익계산서

2021년			(단위: 달러)
1		매출	10,000
2		원자재	4,000
3		노동 비용	1,000
4		감가상각	800
2+3+4=5		매출원가	5,800
1−5=6		매출이익	4,200
7		비용	3,000
6−7=8		영업이익	1,200
9		이자	400
8−9=10		세전이익	800

앞서 말했듯이 재무 계획은 매출 계획에서 시작한다. 그러나 스타트업은 목표한 대로 고객을 찾고 매출을 올리기에는 불확실성이 매우 크다. 그러나 창업자가 한 가지 확실히 할 수 있는 것이 있다. 바로 비용 계획을 세우는 것이다. 창업자는 재무 계획을 세울 때 매출과 현금

흐름을 최대한 비관적으로 잡고, 그 상황에서도 회사가 생존할 수 있는 비용 계획을 세워야 한다. 그리고 그 계획을 잘 지켜나가기 위해 최선을 다할 필요가 있다.

이 책에서는 지면의 한계상 창업자가 최소한도로 알아야 할 재무에 대해서만 다루었다. 보다 깊은 재무 지식을 필요로 하는 독자들은 나의 전작《카이스트 K스쿨 스타트업 재무 특강》을 읽어 보기를 권한다.

6장

스타트업은 어떻게
투자 유치를 하는가?

투자가와 창업자는 회사를 성공시키겠다는 공동의 목표를 가지고 있고,
투자가는 회사가 성공적으로 엑시트하여
투자금보다 훨씬 많은 돈을 회수하는 것을 목표로 하는 존재다.

———

사람들은 당신이 무슨 말을 하는지 관심 없다.
관심이 있는 것은 당신이 무엇을 만들어내는가다.

마크 주커버그 Mark Zukerberg

/ 벤처 투자 기법 /

창업자의 중요한 임무 중 하나는 스타트업에 필요한 자금을 시기를 놓치지 않고 조달하는 것이다. 일반적으로 스타트업은 벌어들이는 돈이 아직 없기 때문에 투자 유치가 되지 않으면 현금이 고갈되어 더 이상 존재할 수 없게 된다. 그러므로 투자 유치는 스타트업의 성패를 좌우하는 가장 중요한 과정 중 하나다.

그림 17은 스타트업이 창업을 한 후 엑시트$_{exit}$에 도달하기까지의 성장 과정이 나와 있다. 엑시트란, 스타트업의 주주들에게 적용되는 말로, 스타트업이 다른 회사에 인수합병되거나 주식시장에 상장되어 주주가 주식 매각을 통해 경제적 이득을 얻는 것을 뜻한다. 이 과정에는 초기 제품 개발, 시장 진출, 시장 확대 등의 마일스톤$_{milestone}$이 있는데, 마일스톤은 스타트업이 성장 과정에서 반드시 거쳐야 할 핵심적인 목

/ 그림 17 / 스타트업의 주요 마일스톤과 투자 유치

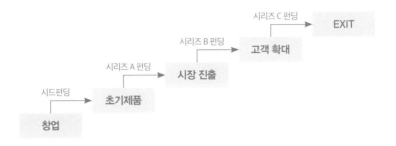

표들을 의미한다. 제품 개발 없이 시장에 진출할 수 없듯이 하나의 마일스톤에 도달하지 못하면 다음 단계로 나아갈 수 없다.

스타트업의 자금 조달은 이런 마일스톤을 기준으로 하게 된다. 스타트업은 목표한 마일스톤에 도달함으로써 자신의 실행 능력을 투자가에게 증명하고, 그에 따라 회사의 가치가 올라가게 되어 상대적으로 저렴한 비용으로 투자를 받을 수 있게 된다.[24]

투자 유치를 하기 위해 창업자는 우선 회사를 운영하는 데 어느 정도의 돈이 들어가는지에 대한 재무 계획을 잡는다(5장 참조). 창업자는 대체로 낙관적이어서 가정을 세울 때 최선의 상태만을 고려하는 편이지만, 실제로는 개발에 들어가는 비용이나 시간이 당초 가정한 상황을 웃도는 경우가 많으므로 반드시 여유 있게 계획을 세울 필요가 있다.

스타트업 초기의 현금 입출과 시간의 전형적인 관계가 그림 18에

나와 있는데, 그 모양이 J자 형태를 띤다고 해서 'J커브'라고 부른다.[25] 회사는 창업 후 비용을 계속 지출하면서 제품을 개발하는 등 사업 준비를 하게 되고, 제품 개발과 시장 진입 등에 성공하면 매출이 발생하기 시작한다. 그리고 현금의 유입이 지출을 넘어서면 J커브는 가장 바닥점에 다다르게 되고, 그때부터 커브는 위로 올라가기 시작한다. 스타트업이 창업한 후 이 시점까지의 곡선을 '죽음의 계곡'이라고도 부른다.

스타트업이 당초에 가정한 대로 운영된다면 J커브 바닥점의 현금 수준이 결국 회사가 조달해야 할 자금이 된다. 스타트업은 죽음의 계곡을 지나 급속한 성장기로 접어드는 동안 신제품을 개발하고, 고객

/ 그림 18 / 스타트업의 J커브

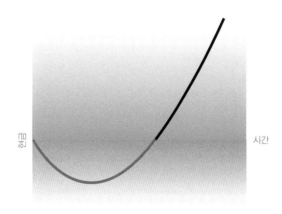

을 찾으며, 매출을 일으키기 시작하는 등 중요한 마일스톤을 거치게 된다.

스타트업은 이런 마일스톤에 맞춰서 몇 차례에 걸쳐 투자를 받게 된다. 투자가 입장에서는 한 번에 모든 자금을 투자하는 데 대한 부담이 크기 때문이고, 창업자 입장에서는 회사의 가치가 낮은 창업 초기에 필요한 모든 자금을 단번에 투자 받으려면 투자가에게 회사의 모든 지분을 줘도 모자랄 수 있기 때문이다. 스타트업이 목표한 마일스톤에 도달하면 회사의 가치가 올라가게 되고, 다음 단계의 투자 유치를 이전보다 저렴한 비용으로 할 수 있게 된다.

스타트업이 가장 먼저 받는 투자를 '시드펀딩seed funding'이라고 하고, 이렇게 투자를 유치하는 과정을 '시드라운드seed round'라고 한다. 그 다음부터는 알파벳 순서대로 '시리즈 A 펀딩', '시리즈 B 펀딩', '시리즈 C 펀딩'이라고 부른다.

투자 유치 시 투자가에게 제공하는 지분율은 경우에 따라 큰 차이가 있겠지만 시드펀딩에서는 10~20%를, 시리즈 A 펀딩에서는 10~30%를 가이드라인으로 제시할 수 있겠다.

/ 번레이트 /

개발 단계에서 관리해야 할 가장 중요한 항목은 스타트업이 한 달에 현금을 얼마나 쓰는지를 나타내는 번레이트burn rate다. 월간 매출이익에서 운영 비용을 빼면 번레이트가 산출되는데, 초기 스타트업은 일반적으로 매출이익이 없으므로 한 달간 쓰는 운영 비용이 곧 번레이트가 된다.

창업자가 투자를 유치하기 위해 투자가를 만날 때 종종 듣게 되는 질문 중 하나가 "번레이트가 얼마죠?"라는 질문이다. 투자가는 이 질문을 통해 비슷한 단계에 있는 다른 스타트업들과 비교해 이 스타트업이 얼마나 효과적으로 운영되고 있는지를 가늠한다. 그리고 새로운 투자를 받기 전에 스타트업이 얼마 동안이나 버틸 수 있으며, 지금 투자를 받으려는 돈으로 언제까지 생존할 수 있는지도 알고자 한다. 따라서 창업자는 이 질문에 대해 바로 대답할 수 있도록 미리 준비하고 있어야 하며, 번레이트를 구성하는 주요 항목도 구체적으로 파악하고 있을 필요가 있다.

스타트업의 번레이트가 지나치게 높으면 다음 마일스톤에 도달하기 전에 자금이 소진될 수 있고, 투자가가 후속 투자를 망설이게 되는 요인이 되기도 한다. 따라서 창업자는 번레이트를 철저하게 관리해야 한다. 번레이트 관리 시 유의할 사항은 다음과 같다.

1. 현금흐름은 권한을 이양하지 않고 직접 관리한다.
2. 직원 채용을 최대한 미루고, 되도록 창업자 스스로 모든 일을 한다.
3. 데이터와 객관적 관점을 바탕으로 현금 사용 유무를 결정한다. 시

장에서 아이디어가 잘 통하지 않는다는 판단이 서면 집착하지 말고 빨리 피벗한다.

/ 전환사채 /

전환사채convertible debt는 스타트업의 시드라운드에서 자주 쓰이는 투자 방식이다.[26] 기본적으로 부채인데, 다음 투자 라운드에서 우선주로 전환되는 방식이다. 일반적으로 전환될 때 주식 가격이 할인된다.

예를 들어 스타트업이 시드라운드에서 창업자의 친구와 친척으로부터 1억 원의 전환사채를 받았다. 조건은 예를 들어, 6개월 내로 3억원 이상의 시리즈 A 라운드가 있으면 전환사채가 우선주로 자동 전환되며, 할인율은 20%다. 전환이 일어나지 않을 경우 이율은 8%다.

만약 6개월 후 벤처캐피털이 5억 원을 주당 5,000원에 투자하게 되었다면, 시드라운드 투자가는 '1억 원÷(5,000원×0.8)=25,000주'의 우선주를 받게 된다. 즉, 5,000원의 시리즈 A 주식을 20% 할인받아 주당 4,000원에 받게 된다. 이러한 할인은 시리즈 A보다 리스크가 많은 상태에서 투자를 한 데 대한 보상이라고 볼 수 있다. 만약 전환이 일어나지 않았다면 스타트업은 원금에 연이자 8%를 더해 상환해야 한다.

전환사채에 의한 시드라운드는 회사의 가치 산정을 다음 시리즈 A 라운드까지 미루기 때문에 비교적 간단하고 빠른 거래가 될 수 있다.

초기에 친구나 친척이 투자하는 스타트업의 경우는 회사의 가치를 산정하기가 자칫 껄끄러울 수도 있는데, 이를 투자 전문가들이 참여하는 다음 라운드까지 유보한다는 의미도 있다.

만약 회사가 잘되지 않을 경우 문제가 될 수 있으므로 다른 방법으로 자금을 조달할 방법이 있다면 친구나 친척으로부터는 투자를 받지 않는 것이 좋다. 이들은 투자 전문가와 달리 스타트업에 투자하는 것이 상당히 위험성이 높다는 것을 이해하지 못할 수 있다. 또 회사가 성공하지 못해 투자금을 회수하지 못하게 되면 창업자도 자신을 믿고 투자해준 친구나 친척에게 상당히 미안한 마음과 부담감을 느낄 수 있고, 이런 결과는 인간관계에까지 영향을 미칠 수 있다.

/ 벤처캐피털과 벤처캐피털 펀딩 /

벤처캐피털 펀드는 기관이나 개인의 투자를 받아서 설립하는데, 펀드의 규모는 수천만 달러에서 많게는 수억 달러에 이르기도 한다. 펀드의 존속 기간은 10년 정도다. 운용 보수는 해마다 펀드 총액의 2%다. 벤처캐피털은 이 운영 보수 수익금으로 사무실을 운영하고 직원을 뽑는 등 벤처캐피털 펀드를 운용하는 데 사용한다. 만약 투자가 성공하여 수익이 발생하면 투자가와 벤처캐피털이 80 대 20으로 수익을 나누는데, 벤처캐피털 몫의 수익을 성과 보수라 한다.

벤처캐피털에게 매력적인 스타트업의 조건은 다음과 같다.

- 크고 빠르게 성장하는 시장
- 상용화할 수 있는 좋은 아이디어나 기술
- 진입 장벽이 높은 사업 계획
- 사업 계획을 수행할 수 있는 인력
- 낮은 주식 가격

/ 펀딩 준비 /

펀딩에는 생각보다 시간이 많이 걸린다. 창업자는 늦어도 자금이 소진되기 6개월 전부터 투자가들과 접촉하는 것이 좋다. 일반적으로 창업자들은 아직 준비가 덜 되었다는 생각에 벤처캐피털과의 접촉을 미루는 경우가 많은데, 가능한 한 빨리 만나서 투자가의 반응을 살필 필요가 있다.

펀딩 규모 계산 시 목표로 하는 다음 마일스톤에 이를 때까지 어느 정도의 시간이 걸릴지 따져본다. 예를 들면, 첫 제품을 개발하기까지, 또는 소프트웨어 사용자를 10,000명 이상 확보하기까지 걸리는 시간 등을 미리 파악한다. 그리고는 이 기간의 번레이트를 계산하고, 계산된 금액보다 약간 더 여유 있게 유치 금액을 결정한다. 번레이트가

2,500만 원 정도이고, 첫 제품을 개발하는 데 6개월이 필요하다면 적어도 2억 원을 유치하는 것이 좋다. 창업자들은 매출이 언제부터 얼마가 일어날지 예측하기 힘든 만큼 자금 지출에 관해서 계획을 잘 세우고, 그 계획에 맞게 쓰려고 노력해야 한다.

투자 유치를 성공시키기 위해서는 스타트업에 대해 소개하는 프레젠테이션이 매우 중요하므로 창업자는 프레젠테이션을 준비하는 데 많은 노력을 기울여야 한다. 그리고 20~30초 내에 자신의 스타트업에 대해 명확히 설명할 수 있는 엘리베이터 피치도 준비할 필요가 있다(7장 참조).

창업자가 엘리베이터 피치를 잘했거나 누군가가 창업자를 벤처캐피털에 소개해주었다면, 벤처캐피털은 회사 소개 자료를 보내라고 할 것이다. 이때 간결하고 이해하기 쉽고, 추가 설명 없이도 벤처캐피털이 쉽게 이해할 수 있는 슬라이드를 보내야 한다. 벤처캐피털이 회사의 사업을 이해하고 흥미를 갖게 되면 그 스타트업을 이끄는 사람들에게 미팅을 제안할 것이다. 이전에는 벤처캐피털에 수십 페이지에 달하는 사업계획서를 보내야 했지만 요즘은 사업계획서를 점점 생략하는 추세다. 세상이 워낙 빠른 속도로 돌아가다 보니 투자가나 창업자 모두 이런 긴 문서에 시간을 쓸 필요를 느끼지 못하기 때문이다.

벤처캐피털이 그 스타트업에 더 흥미가 생기면 실사를 하게 된다. 따라서 투자 유치에 착수하는 시점에 다음의 자료들을 준비해두면 좋다.

- 캡테이블capitalization table: 주주명부와 주주의 지분율

- 회사가 맺은 각종 계약서

- 직원 고용계약서

- 이사회 회의록

- 주요 지식재산권, 상표출원증명서 등 사본

- 매출 예상과 주요 고객 레퍼런스(MOU, 구매의향서 등)

- 제조업의 경우 주요 공정흐름도와 제조원가표

- 핵심 인력의 이력서

- 경쟁사 분석 자료: 국내, 해외 유사 비즈니스 모델 및 기술을 가진
  기업들의 현황(매출, 펀딩, 인수합병 사례)

벤처캐피털이 스타트업에 관심이 높아질수록 사업 관련 예측, 경쟁사 동향, 창업자를 평가해줄 수 있는 사람들의 연락처 등 보다 많은 것을 요청하게 된다. 그리고 점심이나 저녁 식사에도 초대받을 수 있다. 벤처캐피털은 창업자와 함께 시간을 보내면서 창업자의 사람 됨됨이를 보려고 하는데, 결국 벤처캐피털은 사람에게 투자하는 것이기 때문이다. 벤처캐피털이 투자하기로 결정을 내리면 벤처캐피털은 스타트업에 텀시트term sheet를 제시한다. 그러면 텀시트를 바탕으로 투자 조건에 대해 협상을 하게 된다. 투자 유치 과정에서 벤처캐피털들이 서로 경쟁을 하게 되면 스타트업은 이 협상에서 유리한 고지를 차지할 수 있게 되므로 창업자는 투자 유치 활동을 할 때 같은 시기에 복수의

텀시트를 받는 것을 목표로 하는 것이 좋다.

/ 텀시트 /

텀시트는 투자의 핵심 조건에 대한 기본적인 합의를 말한다. 법적인 구속력이 있는 것은 아니고, 텀시트를 바탕으로 회사를 실사하고 최종적인 투자계약서를 준비하게 된다.

텀시트에는 크게 경제성과 지배력, 두 가지 성격의 규정들이 있다.[27] 경제성은 벤처캐피털의 투자수익에 관한 것이고, 지배력은 회사에 대해 어떻게 영향력을 유지하는지에 관한 것이다.[28]

텀시트의 경제성 조항

주식 가격

경제성 조항에서 가장 중요한 것은 투자 시의 주당 가격이다. 이는 회사의 가치와 직접 연관이 있는데, 다음과 같이 표시된다.

주식 가격 = 투자 전 회사 가치 ÷ 투자 전 총주식 수

투자 후 회사 가치는 투자 전 회사 가치와 투자 금액의 합이 된다. 투자가가 스타트업에 투자를 하려면 어떤 식으로든 회사의 가치를 결정

해야 투자액에 따른 지분율을 결정할 수 있는데, 스타트업은 불확실성이 크므로 기업의 가치 산정에 쓰이는 정교한 재무 모델이 적용되기 힘들디. 그보다는 투자가의 경험과 그 스타트업과 유사한 스타트업을 참고해 결정하는 경우가 많다.

우선회수권

벤처캐피털 같은 외부 투자가는 투자 라운드에서 우선주를 받는다. 우선주는 우선회수권liquidation preference을 갖는데, 이는 회사가 매각, 청산 등으로 유동성이 생기는 경우 보통주에 우선하여 투자금을 회수하는 권리를 말한다.

우선회수권이 행사된 후에 남은 돈이 있으면 보통주를 가진 주주들이 나눠 갖게 되는데, 텀시트에 '참여participation'라는 조항이 있는 경우에는 우선주를 가진 주주들이 보통주 분배에 다시 참여하여 지분율만큼 추가로 회수하게 된다. '참여'는 협상 결과에 따라 아예 없을 수도 있고, 제한을 두어 참여(예를 들어, "참여로 회수하는 액수를 투자금의 3배까지")하는 경우와 제한 없이 참여하는 경우가 있다.

어떤 회사가 시리즈 A 펀딩에서 1,000만 달러의 투자 전 회사 가치로 500만 달러의 벤처캐피털 투자를 받아 33.3%의 지분은 벤처캐피털이 갖고 나머지 66.7%의 지분은 창업자들이 가지고 있는 경우를 고려해보자.

표 17에 나와 있듯이 이 회사가 1,000만 달러에 매각된 경우, '참여'

/ 표 17 / 우선회수권의 조건에 따른 우선주와 보통주의 회수액

(단위: 1,000달러)

| 회사 매각 대금 | 참여 여부 | 회수액 | | 우선주 회수율 |
		우선주	보통주	
10,000	없음	5,000	5,000	50.0%
	전면적 참여	6,667	3,333	66.7%
100,000	없음	33,333	66,667	33.3%
	전면적 참여	36,667	63,333	36.7%

가 없으면 우선회수 1배에서 500만 달러만 회수한다. '우선회수 1배, 전면적full 참여'의 경우는 투자액과 같은 500만 달러를 우선회수한다. 그리고 남은 500만 달러를 보통주 주주들에게 분배할 때 지분율 33.3%에 해당하는 166.7만 달러를 분배 받아서 총 666.7만 달러를 회수하게 된다.

우선주는 원한다면 언제든 일반주로 전환이 가능하다. 만약 회사가 1억 달러에 팔렸다면, 우선회수 1배에 '참여'가 없는 경우 보통주로 전환하여 33.3%의 지분율에 해당하는 3,333.3만 달러를 회수하는 것이 유리하다. '참여'가 있는 경우는 우선회수로 500만 달러를, '참여'로 나머지 9,500만 달러의 33.3%에 해당하는 3,166.7만 달러를 회수해 총 3,666.7만 달러를 회수하게 된다.

창업자는 텀시트 조항을 협상할 때, 외부 투자가들에게 우선회수권을 부여하는 것이 표준이므로, 참여 조건을 최소화하는 데 주력하는 것이 좋다. 우선회수권 조건이 투자가에서 유리할수록 창업자의 동기

부여가 약해질 수 있다. 따라서 경험이 풍부한 벤처캐피털 투자가들은 적절한 선에서 타협을 할 가능성이 있다.

희석방지

시리즈 B 펀딩에서의 회사 가치는 시리즈 A 펀딩에 비해 높아지는 것이 바람직하지만 그 반대의 경우도 있다. 이런 경우를 '다운 라운드down round'라고 하는데, 회사가 목표한 마일스톤에 도달하지 못한 상태에서 자금이 떨어져가는 경우에 다운 라운드가 발생할 수 있다. 다운 라운드인 시리즈 B의 투자가는 보다 싼값에 주식을 사게 되므로 앞선 시리즈 A 투자가는 큰 규모의 희석을 겪게 된다. 이를 방지하기 위한 조항이 희석방지anti-dilution 조항이다.[29]

시리즈 A에서 10억 원을 투자하여 주당 10,000원에 10만 주를 취득한 투자가가 있다. 시리즈 B에서 주식 가격이 5,000원으로 떨어졌다면 시리즈 A의 투자가는 희석방지조항을 들어 우선주를 보통주로 전환할 때 전환가격에 5,000원을 적용해 보통주 20만 주를 받게 된다.

일반적으로 창업자는 회사 가치를 높이 쳐주는 투자가를 선호하지만 이상적인 것은 회사 가치를 너무 높지도, 너무 낮지도 않게 평가받는 것이다. 너무 가치를 높이 산정하는 투자가는 그만큼 실력이 없다는 말도 될 수 있고, 앞서 언급한 것처럼 다운 라운드될 위험도 있다. 그뿐만 아니라 이전 투자 라운드에서 회사 가치가 너무 높으면 다음 펀딩 라운드의 투자를 받지 못하게 될 수도 있다.

베스팅

베스팅vesting은 창업자가 많은 주식을 보유한 상태로 회사를 일찍 떠나는 것을 방지하는 조항이다.[30] 일반적으로 재직한 지 1년이 되었을 때 할당된 주식의 25%를 제대로 소유하게 되고, 그 후 36개월 동안 나머지 75%의 주식이 매달 균등하게 베스팅되어, 총 4년을 재직해야 본인에게 할당된 주식을 모두 소유하게 된다. 만약 창업자가 일찍 회사를 떠나면 베스팅되지 않은 주식은 회사가 원래의 가격에 다시 사들이게 된다.

텀시트의 지배력 조항

벤처캐피털이 소유하는 지분은 일반적으로 50% 이하다. 따라서 밴처캐피털이 회사를 실질적으로 제어할 수 있게 하기 위한 지배력 조항들을 텀시트에 포함시킨다. 이런 조항들 중 중요한 것이 이사회와 우선주 보호 조항 등이다.[31]

이사회

회사에서 이사회는 최고 의사결정 조직이고, 이사회의 이사는 주주의 이익을 보호하기 위해 일한다. 훌륭한 이사들이 포진하여 제대로 작동하는 이사회는 스타트업이 성공하기 위한 필수 요소일 정도로 중요한데, 스타트업에서는 이런 중요성을 이해하지 못하거나 제대로 운용하지 않는 경우가 많다.

일반적으로 창업자들은 회사의 지배구조에 매우 민감하다. 자신의 지분율을 51% 이상 유지하려고 하고, 이사회에 자신의 우호세력이 얼마니 있는지 등에 신경을 많이 쓴다. 그리고 벤처캐피털이 아직 리스크가 큰 자신의 회사에 투자해준 고마운 존재임에도 불구하고, 혹시 자신의 회사를 뺏어가지는 않을지 의심하는 경우도 없지 않다. 그러나 투자가와 창업자는 회사를 성공시키겠다는 공동의 목표를 가지고 있고, 투자가는 회사가 성공적으로 엑시트하여 투자금보다 훨씬 많은 돈을 회수하는 것을 목표로 하는 존재라는 것을 잊어서는 안 된다.

스타트업에서 가장 바람직한 이사회는 창업자나 투자가 중 어느 한쪽이 지배하는 것이 아닌, 균형 있는 이사회다. 스타트업은 3인 또는 5인의 비교적 작은 규모의 이사회를 꾸리는 것이 운용하기가 용이하다. 균형 있는 이사회가 되기 위해 3인 이사회의 경우는 창업자 겸 대표, 벤처캐피털, 그리고 중립적이고 경험 많은 외부 인사로 구성할 수 있다. 회사에 투자한 벤처캐피털이 여럿인 경우 모든 투자가가 이사회 자리를 요구할 수 있는데, 이런 경우 주요 투자가는 이사회에 포함시키고 그 외에는 이사회에 참석할 수는 있으나 의결권이 없는 이사회 옵서버board observer 자리를 주는 것이 좋다.

우선주 보호 조항

벤처캐피털은 일반적으로 50% 미만의 지분율을 가지나 회사의 중요한 결정에 대한 거부권을 갖는데, 이를 '우선주 보호 조항'이라고 한다. 벤처캐피털이 갖는 거부권에는 회사의 매각, 정관의 개정, 회사 지적재산권의 라이선싱 등 회사의 거의 모든 중요한 활동이 포함된다.

/ 상환전환우선주 /

상환전환우선주Redeemable Convertible Preference Shares: RCPS는 우리나라 벤처 캐피털들이 투자할 때 많이 사용하는 방법으로, 투자가 경우에 따라 상환권이나 전환권을 요구할 수 있는 우선주이다. 회사가 수익을 내기 어려울 경우 채권처럼 상환권으로 원금과 이자를 돌려줄 수 있다. 상환권은 보통 발행 3년 이후, 회사에 영업이익이 나는 경우에 요구할 수 있다. 전환권은 우선주를 보통주로 전환할 수 있는 권리이다.

/ 리디스테크놀로지의 펀딩 스토리 /

이 경험을 말하기 위해서는 내가 스탠퍼드대학교 대학원에서 유학하던 시절로 돌아가야 한다.

스탠퍼드대학교에서 공부할 때 가장 인상적이었던 것은 학과와 학과 사이, 교수와 교수 사이에 벽이 거의 없다는 점이었다. 그리고 박사과정에 있는 학생은 연구 주제나 연구 방법을 정하는 데 있어서 상당한 자율성이 있었다. 지도교수가 다르더라도 연구 분야와 관심 주제가 비슷한 학생끼리 같이 논의하고 실험도 해 그 결과를 나누어 갖기도 한다.

나는 전기전자과 박사 과정에 재학 중인 한 친구와 친하게 지내며 함께 비슷한 주제로 연구를 진행했는데, 그 친구의 지도교수님도 우리의 연구에 관심을 보였다. 그래서 그 교수님이 주재하는 실험실의 주간 미팅에 나도 참여하게 되었다.

스탠퍼드 대학원을 졸업하고 실리콘밸리와 일본, 한국에서 일을 하다가 창업을 한 나는 10여 년 만에 실리콘밸리에 다시 가게 되었는데, 그때 이 교수님이 스탠퍼드 공대의 학장이 되어 계셨다. 그래서 그분께 우리 회사의 사외이사를 맡아주십사 부탁을 드렸더니, 매우 바쁜 상황에서도 수락을 해주셨다. 학장님은 실리콘밸리에서 매우 존경받는 유명한 교수셨고, 우리 회사도 많은 도움을 받았다. 시리즈 A 투자를 받기 위해 학장님께 투자가를 소개해달라고 부탁드렸더니 학장님은 네 군데 벤처캐피털에 이메일을 보내 우리 회사를 소개해주셨다. 그중에는 세쿼이아캐피털같이 실리콘밸리에서 매우 유명한 벤처캐피털도 있었다.

학장님의 소개에도 불구하고 두 군데에서는 대답이 없었고 나머지 두 곳과는 미팅이 이루어졌다.

스탠퍼드 공대 학장님 외에 다른 분들도 소개를 많이 해줘서 피칭 pitching을 여러 번 했다. 피칭은 투자가에게 직접 자기 회사의 사업에 대해 소개 또는 거래하는 행위를 말한다. 여러 차례의 피칭 과정에서 내가 가장 많이 듣고 가장 대답하기 어려웠던 질문이 있는데, 그 질문은 바로 "회사의 진입 장벽은 무엇이죠?"였다.

학장님이 소개해 주신 U벤처캐피털이 투자에 관심을 보였다. 투자 유치를 위한 피칭에서 투자가가 가장 매력적으로 본 것은 우리 회사가 소량이기는 하지만 고객에게 주문서를 받았다는 점과 회사의 경영진이 시장을 잘 이해하고 있다는 점이었다.

벤처캐피털에서는 검증을 철저하게 했다. 반도체 전문가에게 부탁해서 우리 회사의 기술 수준을 점검했고, 회사 경영진인 CEO와 CTO를 평가해 줄 수 있는 사람들의 연락처도 요구해 인물평을 수집했다. 그리고 우리에게 주문을 한 고객에게 연락해 우리 회사의 사업 전망에 대해서도 자세히 물어봤다.

벤처캐피털과 한두 번 미팅이 진행되면 투자 여부가 결정되는 줄 알았는데, 실제로 매우 많은 미팅을 하고 발표도 여러 차례 해야 했다. 그리고 저녁 식사에도 여러 번 초대되었다. 나중에 알게 된 것이지만 여러 차례 식사 자리에 초대한 이유는 나의 사람 됨됨이를 알아보기 위해서였다.

U벤처캐피털은 그동안 미국 내의 스타트업에만 투자했지 우리 회사처럼 아시아에 뿌리를 두고 있는 스타트업에는 투자한 경험이 없었다. 그래서 아시아와 관련이 많은 W벤처캐피털을 초대해 공동으로 투자를 하고 싶어 했다. 이에 W벤처캐피털도 투자를 검토하기 시작

했고, 우선 아시아로 출장 와 있던 W벤처캐피털의 회장을 홍콩에서 만났다. 그 자리에서 그는 이렇게 말했다.

"우리 벤처캐피털 펀드는 한국 스타트업들이 가진 기술력에 주목하고 지난 5년간 한국의 스타트업을 주시해 왔어요. 좋은 기술을 가진 스타트업도 여럿 만나 봤지만 아직 한 건도 투자를 못했어요. 왜 그런지 아세요? 많은 스타트업들이 기술은 뛰어났으나 글로벌 마인드가 없었어요. 제품이나 서비스를 개발해서 한국 내 재벌 기업에 공급하는 정도의 목표만 가지고 있지, 더 이상은 없었어요. 잘 아시겠지만 벤처캐피털은 스타트업의 성장성에 투자하는 겁니다. 한국이라는 크지 않은 시장에서 성장이 정체된 스타트업에 투자하기는 어려웠어요. 그에 비해 리디스테크놀로지는 글로벌한 목표를 가지고 움직이는 것 같아 아주 긍정적으로 보입니다. 리디스테크놀로지에 대한 투자가 성사되면 한국 출신 스타트업에 대한 1호 투자가 되는 셈이죠."

당시 우리의 투자 유치 목표액은 500만 달러였다. 두 벤처캐피털이 공동으로 투자를 하는 것이라 각각 250만 달러씩을 투자하라고 했더니 그들은 각각 최소 투자 금액이 500만 달러라고 했다. 이렇게 리디스테크놀로지는 처음에 세웠던 목표액의 두 배에 달하는 투자를 받게 되었다.

벤처캐피털들이 최소 투자 금액을 정해 놓는 이유는 운영하는 벤처캐피털의 펀드의 크기와 운용 인력과 관계가 있다. 한 투자 케이스를 검토하는 데만도 벤처캐피털에 있는 여러 분야의 인력이 투입되고,

그만큼의 인건비가 들어가기 때문에 너무 적은 투자 금액은 펀드 운용상 타당성이 없는 것이다.

밴처캐피털로부터 텀시트를 받았는데, 우선회수권이 '5배'로 표기되어 있었다. 당시에는 우선회수권의 투자금 회수 배수가 상당히 높아서 우선회수권으로 투자금의 10배까지 우선회수를 하기도 할 때였다. 우리가 조건에 불만을 표하자 인터넷 닷컴 버블 이후 벤처캐피털 업계의 표준이 되었다며 이해해달라고 했다. 그러면서 만약 회사가 어중간한 가격에 팔리게 되면 매각 대금이 투자가에게 모두 돌아가게 되는데, 이런 조건은 창업자에게 동기부여가 되지 않으므로 벤처캐피털이 창업자에게 충분한 보상을 할 것이라고 했다. 사실 당시에는 회사가 그렇게 어중간한 가격에 팔릴 가능성은 염두에 두지 않았었고, 그보다 큰 규모로 성공할 거라는 자신이 어느 정도 있었기 때문에 이 조항에 대해 크게 걱정하지는 않았다. 결국 시리즈 A 펀딩을 하려고 첫 투자가를 만났을 때부터 1년 반 가까이 걸려서 투자 유치가 완료되었다.

이 과정을 거치면서 느낀 점이 있다면 우선 투자가를 만나기 전에 최선을 다해 준비를 해야 한다는 것이다. 그리고 미팅에서 투자가가 하는 질문을 통해 많은 것을 배울 수 있으니 피칭 내용이 최종이라고 생각하지 말고 계속 고쳐나가야 한다. 창업자가 보기에 본인의 회사가 아무리 좋아 보여도 밖에 나가면 현실이라는 엄연하고 높은 벽에 부딪히게 되고, 그 현실은 제한된 투자금을 두고 수많은 다른 스타트업과의 경쟁에서 이겨야 한다는 것이다. 우리 회사도 스무 곳이 넘는 벤처 캐피털을 만났지만 투자를 하고 싶어 한 곳은 서너 곳에 불과했다.

/ 투자 유치 후 /

투자 유치를 해본 창업자들은 "돈이 정말로 회사 계좌로 들어온 게 확인될 때까지 투자 유치가 끝난 게 아니다"라는 말을 하곤 한다. 투자 유치를 하는 데는 생각보다 시간이 훨씬 많이 걸리고, 다 된 것 같다가도 거래가 깨지는 일도 적지 않다. 그래서 계좌에 투자금이 들어오고 투자 라운드가 종료되면 큰 성취감을 느끼게 되고, 마치 회사가 이미 성공한 것 같은 느낌이 들기도 한다. 물론 투자 유치를 성공시킨 것은 창업자의 큰 업적이고 칭찬받고 축하받을 만한 일이다. 그러나 투자 라운드가 종료된 스타트업과 창업자는 이제 겨우 다음 마일스톤까지의 출발점에 다시 선 것에 불과하다. 자칫하면 이때 창업자는 회사 은행 계좌에 두둑하게 쌓인 잔고를 보면서 도덕적 해이에 빠질 수도 있고, 창업 초기의 초심을 잃을 수도 있다.

회사에 들어온 투자금이 마치 자신의 돈이라도 되는 양 착각하는 창업자가 있는데, 이 돈은 새로 주주가 된 투자가가 위험을 무릅쓰고 장래에 큰 수익을 기대하며 창업자를 믿고 투자한 돈이라는 것을 잊어서는 안 된다. 투자가는 회사의 이사회에 참여하면서 창업자가 투자금을 제대로 쓰는지 보게 되지만 자세한 내용까지 들여다보기는 어렵다.

창업자가 돈을 제대로 지출했는지를 스스로 관리하는 한 가지 방법은 지출 항목을 세세히 기록했을 때 누구에게나 떳떳하게 보여줄 수 있는가를 점검하는 것이다. 그리고 자기 스스로를 거울에 비춰보면서 회사를 막 시작할 때 어떤 마음이었는지를 늘 기억할 필요가 있다.

/ 크라우드 펀딩 /

크라우드 펀딩crowd funding은 대중을 뜻하는 '크라우드crowd'와 자금 조달을 뜻하는 '펀딩funding'을 조합한 용어로, 온라인 플랫폼을 이용해 다수의 개인으로부터 자금을 모으는 활동을 말한다.

크라우드 펀딩에는 후원형과 기부형, 대출형, 지분투자형 등의 형태가 있다. 첫 번째 후원형은 개인이 만들고 싶은 창작물에 대해 프로젝트 페이지를 만들어서 플랫폼에 올린다. 이용자들은 펀딩에 참여하여 창작자의 후원자가 되고, 창작자가 설정한 목표 금액을 달성하면 결제가 진행된다. 창작의 결과물은 후원자에게 선물로 제공된다. 크라우드 펀딩은 영화 제작이나 공연, 예술 분야에서도 활용되고 있다.

기부형은 순수한 기부의 형태로 지원하는 형태다. 대출형은 만기에 원금과 이자를 상환해주는 방식이다. 마지막으로 지분투자형이 있는데, 이윤 창출을 목적으로 비상장 주식이나 채권에 투자하는 방식이다. 투자가는 주식 또는 채권으로 보상을 받는다.

크라우드 펀딩은 투자 유치를 하는 측과 투자가, 그리고 중간에 있는 크라우드 펀딩 플랫폼 운영자에 의해 이뤄진다. 국내에는 와디즈(https://www.wadiz.kr), 크라우디(https://www.ycrowdy.com), 오픈트레이드(https://otrade.co), 인크(https://yinc.kr), IBK투자증권(https://crowd.ibks.com), 텀블벅(https://tumblbug.com), 스토리펀딩(https://storyfunding.daum.net) 등의 크라우드 펀딩 플랫폼이 있다.

블록체인 기술을 이용하여 자금을 모집하는 ICOInitial Coin Offering도 크라우드 펀딩과 비슷한 점이 있다. ICO는 기업이 블록체인 기반으로 새로운 토큰token(암호화폐)을 발행하여 대중들에게 판매해 자본을 조달하는 방식이다. 일반적으로 크라우드 펀딩 투자가들이 크라우드 펀딩에 의한 새로운 프로젝트에 관심이 많아 후원을 하는 것처럼, 투자가가 ICO를 통해 새로운 블록체인 프로젝트를 후원하게 된다.

ICO는 기존의 자본 시장에서 자금을 구하기 힘든 스타트업이 자신의 사업 아이디어를 제시하여 대중으로부터 자본을 모은다는 점에서 크라우드 펀딩과 비슷한 장점을 갖는다. 투자가 입장에서 위험성이 높은 스타트업에 투자해 수익을 얻기 위해서는 ICO를 추진하는 스타트업의 사업계획을 충분히 이해한 후 투자를 해야 한다.

7장

투자 유치를 위한
프레젠테이션의 기술

발표는 청중을 설득해 최종적으로 청중으로 하여금
발표자가 원하는 행동을 하게 하는 과정이다.

———

내게 시간이 더 있었다면
더 짧은 편지를 쓸 수 있었을 텐데….

블레즈 파스칼 Blaise Pascal

/ 발표의 요소 /

창업자는 의사소통 기술에 능숙해야 한다. 특히 대외적으로는 투자가와 고객과의 소통, 내부적으로는 동료와 회사 직원과의 소통이 중요하다. 의사소통에는 여러 형태가 있다. 1 대 1 의사소통도 중요하지만 다수의 청중 앞에서 하는 발표도 매우 중요하다.

여러분도 그동안 많은 발표를 접해봤을 것이다. 그중에는 좋은 발표도 있었겠지만 청중으로서 앉아 있기 괴로웠던 기억도 있을 것이다. 이런 발표의 공통점은 무엇일까? 아마도 '핵심이 명확하지 않다', '발표의 흐름이 끊긴다', '너무 자세하고 길다', '청중이 받는 이득이 없다'로 요약할 수 있을 것이다.

여기서 청중이 받는 이득이란 무엇일까? 청중은 아무 목적 없이 발표를 들으러 오지는 않는다. 만약 발표가 대학 강의라면 청중인 학생이 받는 이득은 새로운 지식의 습득일 것이다. 창업자가 하는 발표의 주요 청중은 투자가와 고객이라고 할 수 있다. 고객이라면 창업자가 소개하는 제품이나 서비스가 고객 자신과 거래하는 상대를 만족시켜서 경쟁사를 이기고 시장점유율을 높여 더 많은 돈을 벌게 해주는지에 관심이 있을 것이다. 투자가도 같은 이유로 이 회사에 투자를 하면 투자금보다 훨씬 많은 수익을 올릴 수 있을지가 궁금할 것이다.

발표란, 청중을 A 지점에서 B 지점으로 이동시키는 활동이라고 할 수 있는데, A 지점의 청중은 발표자에 대해 잘 모르고 발표자의 발표 내용에 대해 회의적이며, 투자가라면 투자 결정, 고객이라면 구매 결정 같은 발표자의 목적에 대해 비협조적일 것이다. 훌륭한 발표로 청중을 B 지점으로 이끌어 왔다면 B 지점의 청중은 발표자를 이해하고 발표자가 말하는 내용에 공감해 발표자를 믿기 시작하며, 발표자의 의도에 협조적으로 움직일 준비가 된다. 이와 같이 발표는 청중을 설득해 최종적으로 청중으로 하여금 발표자가 원하는 행동을 하게 하는 과정이다.[32]

발표의 요소는 다음과 같다.

- 청중이 누구인가?
- 발표의 목적(B 지점)은 무엇인가?
- 발표의 핵심은 무엇인가?
- 핵심을 어떤 흐름으로 전달하는가?

투자 유치를 위한 피칭이라면 청중은 투자가이고, 발표의 목적은 내 회사에 대한 투자에 관심을 갖게 하는 것이다. 발표의 핵심은 고객이 가지고 있는 어떤 문제를 나의 스타트업이 가지고 있는 아이디어(해결 책)로 해결한다는 것이다. 발표의 흐름은 스타트업이 가지고 있는 해결책으로 고객이 가지고 있는 어떤 문제를 해결하는지, 목표하는 시장 규모가 어느 정도나 되는지, 지금까지 어느 정도의 진전이 있었는지를 말하고, 고객의 반응과 아이디어를 실행해낼 수 있는 팀 구성에 대한 소개, 그리고 필요한 투자금은 어느 정도인지 등의 내용으로 전개해간다. 피칭 프레젠테이션에 대해서는 뒤에 나올 〈발표자의 태도〉에서 자세히 살펴보겠다(본문 186쪽 참조).

/ 발표 내용과 구조 준비 /

발표를 준비할 때 우선적으로 해야 할 일은 청중에 대한 연구다. 청중은 누구이며, 발표를 왜 들으러 오는지, 그들의 예비 지식 수준, 연령대 등의 특징을 파악하고 거기에 맞춰 발표를 준비한다.

청중과 발표의 목적이 확실해지면 발표할 내용을 준비한다. 발표 준비를 시작할 때 처음부터 컴퓨터를 켜고 파워포인트나 구글 프레젠테이션 등의 슬라이드 프로그램을 여는 경우가 많은데, 일단 컴퓨터는 닫아두고 발표에 대한 생각을 정리할 필요가 있다.

먼저 발표를 통해 발표자가 무슨 메시지를 전하고 싶은지를 스토리텔링 형식으로 만든다. 스토리텔링은 상대방에게 알리고 싶은 내용을 재미있고 생생한 이야기로 설득력 있게 전달하는 것이다. 우리가 어렸을 때 즐겨 듣던 옛날이야기는 스토리텔링의 좋은 예라 할 수 있다. 여기서는 진로 지도를 하는 교사의 제안으로 시행한 가상의 고등학생 대상 여름 창업캠프에 관한 발표를 예로 들어 설명하겠다.

우선 누가 청중이 될지를 정해야 한다. 여러 종류의 청중을 생각해 볼 수 있는데, 학부모, 다른 학교의 진로 지도 담당 교사, 소속 학교의 교장·교감·교사, 여름캠프 이용 대상인 고등학생, 교육 예산위원회 등이다. 목표 청중은 발표의 목적에 따라 달라진다. 예를 들어 여름 창업캠프를 확대 시행하기 위한 예산 요청이 목적이라면 목표 청중은 교육 예산위원회가 되겠다.

어떤 종류의 발표든 1~2분 정도의 스토리로 줄일 수 있어야 한다. 그리고 발표의 가장 핵심을 한 문장으로 줄여서 이야기할 수 있어야 한다. 목표 청중이 교육 예산위원회라면 이 발표의 핵심 아이디어는 다음과 같을 것이다.

"고등학생을 대상으로 실험적으로 실시한 창업캠프는 학생들에게 긍정적인 영향을 미쳤습니다. 따라서 창업캠프를 더 확대해 시행할 것을 건의하고, 필요한 예산을 승인해 주실 것을 요청 드립니다."

이어서 발표 내용을 1~2분 정도의 짧은 스토리텔링으로 준비한다. 여기서는 이것을 '90초 스토리텔링'이라고 부르겠다.

90초 스토리텔링

우리는 고등학교에서 학생들의 진로를 지도하는 교사입니다. 많은 고등학생들이 장래의 꿈이 없어서 고민합니다. 이 때문에 학교생활에서 목표의식도 의욕도 없습니다. 많은 학생들이 자신의 뜻과 무관하게 대학에 가서 취직이 잘되는 전공을 선택하고 대우가 좋은 대기업에 취직하기 위해 경쟁하는 불행한 삶을 살고 있습니다. 우리는 고등학생들에게 창업이라는 개념을 소개하면 학생들의 삶에 새로운 희망과 동기가 생길 거라고 생각했습니다. 그래서 작년 여름방학 때 실험적으로 고등학교 1학년 학생들을 대상으로 여름캠프를 마련했습니다. 캠프에서는 성공적인 창업 사례를 소개하고 여러 창업가를 초청해 강연을 듣게 했습니다. 새로 만난 학생들이 함께 팀을 구성하고 사업 아이디어를 내서 모의 창업도 연습해 보았습니다. 그리고 캠프 전후에 학생들을 대상으로 설문조사를 실시했습니다. 캠프 전에는 자신이 앞으로 무엇을 하면 좋을지 모르겠다는 대답이 70%였는데, 캠프 후에는 같은 대답이 25%로 낮아졌습니다. 많은 학생들이 캠프 때문에 앞으로 하고 싶은 일이 생겼다고 했는데, 그 중 60%는 창업을 하고 싶다고 했습니다. 이 설문 결과는 창업캠프가 고등학생들에게 긍정적인 영향을 미친다는 것을 증명하므로 고등학생들을 대상으로 한 창업캠프를 더욱 확대할 필요가 있다고 생각합니다. 그러므로 여기에 필요한 예산 지원을 요청 드립니다.

90초 스토리텔링은 콜 누스바우머 내플릭Cole Nussbaumer Knaflic의 책 《데이터 스토리텔링Storytelling with data》[33]에 나오는 3분 스토리텔링을 참고했다. 그런데 3분은 간결하게 축약된 스토리텔링이라고 하기에는 너무 긴 시간이다. 아무리 긴 발표라도 90초 전후로 줄여서 스토리텔링을 할 수 있어야 한다. 그렇지 않다면 앞서 언급한 것처럼 발표의 핵심과 흐름이 명확치 않고, 너무 자세하고 긴 발표가 될 위험성이 있다.

스토리텔링 효과적으로 전달하기

스토리텔링으로 발표의 내용이 정리되었으면 이번에는 그 내용을 가장 효과적으로 전달할 방법을 생각해본다. 같은 내용도 어떤 구조로 발표하는지에 따라 효과가 달라질 수 있으므로 가장 효과적인 구조에 대해 생각해본다.

고등학생 창업캠프에 관한 스토리텔링의 발표 구조에는 여러 가지가 있겠으나 추천할 만한 구조는 다음과 같다.

먼저 문제를 정의하고(고등학생: 장래의 꿈이 없다), 이 문제에 관한 데이터를 제시한다. 문제의 해결책(여름 창업캠프)을 내세우고 캠프의 내용을 설명한다. 설문조사 결과를 이용해 여름캠프가 성공적이었다는 증거를 제시하고, 마지막으로 이 발표의 핵심 아이디어인 예산 증액을 요청한다. 그림으로 나타내면 그림 19와 같은데, 이를 '스토리보드'라고 부른다.

스토리텔링 내용과 발표의 구조가 결정되고 스토리보드가 준비되면 이때부터 슬라이드를 준비한다. 그림 19의 포스트잇 한 장의 내용이 슬라이드 한 장 또는 두 장이 되게 한다. 만약 처음부터 파워포인트 같은 프로그램을 이용해 컴퓨터로 슬라이드 작업을 한다면 개별 슬라이드에만 신경을 쓰게 되어 발표의 흐름이 끊기고 연결이 매끄럽지 않게 될 위험이 있기 때문에 여태 슬라이드 작업을 시작하지 않은 것이다.

/ 그림 19 / 고등학생 대상 여름 창업캠프 관련 스토리보드

/ 슬라이드 준비 /

많은 경우 발표를 할 때 파워포인트 같은 슬라이드를 사용한다. 슬라이드 한 장 없이 한 시간, 두 시간 강연을 하는 경우도 있지만, 이 경

우 슬라이드를 사용하는 경우에 비해 훨씬 힘들다. 그리고 기술과 관련된 발표나 사업, 펀딩 등의 발표에는 적합하지 않다.

좋지 않은 슬라이드의 특징을 요약하면 다음과 같다.

- 슬라이드에 너무 많은 데이터를 담는다.
- 그림과 그래프가 너무 혼란스럽다.
- 글씨가 너무 많고 크기가 너무 작다.

그림 20에는 이런 특징들이 잘 나타나 있다.

원인을 살펴보면 첫 번째는 발표자가 논문이나 보고서 등 문서를 복사해서 슬라이드로 만들기 때문이다. 두 번째 이유는 너무 많은 색이나 복잡한 그림을 써서 슬라이드를 지나치게 장식하기 때문이다. 세 번째 이유는 발표자가 자신이 가지고 있는 정보를 최대한 많이 전달하려고 하기 때문이다. 그러나 일반적으로는 짧고 간결한 발표일 때 청중이 잘 이해한다. 역설적으로 들릴 수 있지만 짧은 발표를 하기 위해서 발표자는 보다 많은 준비를 해야 한다.

따라서 슬라이드의 디자인은 간결해야 하고, 글자는 가장 뒤에 있는 청중도 잘 읽을 수 있도록 충분히 커야 한다. 컬러도 두 가지 이내로 한정할 것을 권한다. 배경으로 복잡하고 많은 색이 들어간 디자인을 사용하는 경우가 많은데, 이런 경우 청중의 시선을 분산시키고 슬라이드의 공간도 낭비하게 되어 바람직하지 않다. 글자 크기는 반드

이 슬라이드는 복잡하고 너무 많은 정보가 들어가 있는 예이다. 제목이 두 줄이다

부제가 새로운 정보를 주고

- 첫 번째 불릿포인트bullet point가 아주 길고도 완전한 문장에서 나온다.
  - 부 불릿포인트도 완전한 문장이다
  - 다음도 마찬가지다
  - 세 번째도 그렇다
  - 네 번째도 그렇다
  - 다섯 번째도 아주 길고도 완전한 문장이 청중이 읽기 힘든 작은 폰트로 쓰여 있다
- 두 번째도 마찬가지다
- 세 번째도 그렇다

시 30폰트 이상을 사용할 것을 권한다. 이렇게 되면 청중이 쉽게 읽을 수 있고, 긴 문장이나 많은 글씨를 한 장의 슬라이드에 넣지 못하는 일거양득의 효과가 있다.

/ 슬라이드를 활용한 발표의 예 /

그림 19의 스토리보드로 돌아가서 이 스토리보드로 어떻게 슬라이드와 발표를 준비할지 알아보자. 같은 스토리보드라도 만드는 사람에 따라 다른 슬라이드와 발표가 될 수 있다. 여기서 한 가지 예를 살펴보자.

70%

"고등학생을 대상으로 한 설문조사에서 70%라는 결과가 나왔습니다.

이 조사의 질문은 무엇이었을까요? 바로 다음 질문이었습니다. '장래의

꿈이 있습니까?'"

나는 장래의 꿈이 없다

70%

②

"70%의 학생들이 장래의 꿈이 없고, 장래에 무엇을 하고 싶은지를 모르

겠다고 했습니다."

③

"이 때문에 학교생활에서 목표의식도 의욕도 없습니다. 많은 학생들이
자신의 뜻과 무관하게 대학에 가서 취직이 잘되는 전공을 선택하고 대우
가 좋은 대기업에 취직하기 위해 경쟁하는 불행한 삶을 살고 있습니다.
우리는 고등학교에서 학생들의 진로를 지도하는 교사입니다. 우리는 고
등학생들에게 창업이라는 개념을 소개하면 학생들의 삶에 새로운 희망
과 동기가 생길 거라고 생각했습니다."

여름 창업캠프

④

"그래서 작년 여름방학 때 실험적으로 고등학교 1학년 학생들을 대상으로 여름캠프를 마련했습니다. 캠프에서는 성공적인 창업 사례를 소개하고 여러 창업자를 초청하여 강연을 듣게 했습니다. 그리고 학생들은 새로 만난 친구들과 함께 팀을 구성하고 사업 아이디어를 내서 모의 창업도 연습해 보았습니다. 우리는 캠프 전과 후에 캠프에 참여한 학생들을 대상으로 설문조사를 실시했습니다. 그 결과는 우리의 기대를 훨씬 뛰어넘었습니다."

⑤

"캠프 전에는 자신이 앞으로 무엇을 하면 좋을지 모르겠다는 대답이 70%였는데, 캠프 후에는 같은 대답이 25%로 낮아졌고 장래의 꿈이 있다는 대답이 75%로 높아졌습니다."

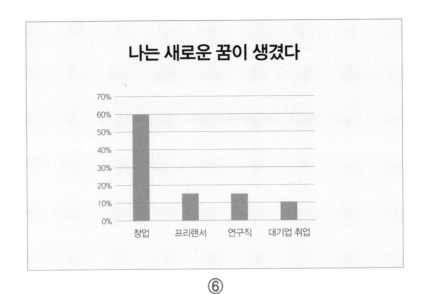

나는 새로운 꿈이 생겼다

⑥

"많은 학생들이 캠프 때문에 앞으로 하고 싶은 일이 생겼다고 했는데, 그중 60%는 창업을 하고 싶다고 했습니다. 이 설문 결과는 창업캠프가 고등학생들에게 긍정적인 영향을 미친다는 것을 확실히 보여주고 있습니다."

여름 창업캠프의 확대 실시
예산 지원 요청드립니다

"앞으로 고등학생들을 대상으로 한 창업캠프를 더욱 확대할 필요가 있다고 생각합니다. 그러므로 여기에 필요한 예산 지원을 요청 드립니다."

각각의 슬라이드에 대해 살펴보자.

슬라이드 ①에서는 "70%"라는 숫자만 보여주고 질문을 던져서 청중의 관심을 끈다. 우리는 데이터를 보여줄 때 그래프를 쓰는 데 익숙해져 있는데, 경우에 따라서는 이 슬라이드처럼 큰 글씨의 숫자 "70%"만 보여주는 것도 효과적이다.

슬라이드 ②에서는 머리글로 "나는 장래의 꿈이 없다"는 이 발표의 핵심 문제를 던진다. 슬라이드 ①, ②를 한 장에 준비한 후 '애니메이션'의 '나타내기' 기능으로 머리글이 나중에 나타나게 할 수도 있다.

학생들의 목적의식 없는 불행한 삶에 대해 이야기하는 슬라이드 ③에는 달리 문장이 붙지 않았지만 수업시간에 잠을 자고 있는 학생들 사진만으로도 문제를 충분히 드러내고 있다. 이 슬라이드를 보여주면서 발표자는 하고 싶은 이야기를 하면 된다.

슬라이드 ④에서는 슬라이드 ①~③번을 근거로 왜 여름 창업캠프를 하게 되었는지, 캠프에서 어떤 일들을 했는지 설명한다.

슬라이드 ⑤에서는 캠프 전과 후에 실시한 설문조사 결과를 제시하며 여름 창업캠프가 성공적이었다는 것을 증명한다. 이때 데이터의 의미를 청중에게 최대한 빨리 전달할 수 있어야 한다. 여기서는 수평 막대그래프를 쓰고 눈에 잘 띄는 색을 써서 캠프 전과 후에 꿈을 가지고 있는 학생의 비율이 크게 변했다는 사실을 확실하게 보여준다. 슬라이드 ⑥ 같은 경우에도 막대그래프를 효과적으로 쓸 수 있다.

막대그래프 외에 그림 22 같은 직선그래프도 효과적이다. 그러나

/ 그림 22 / 직선그래프의 예

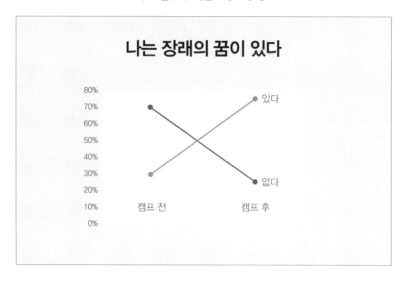

/ 그림 23 / 파이차트의 예

그림 23의 파이차트는 권하지 않는다. 그림 23은 간단하게 비교하는 경우라서 큰 문제가 없어 보이지만 사람 눈은 2차원의 공간과 정량적 데이터를 연관시키는 데 익숙하지 않기 때문에 파이차트는 웬만하면 쓰지 않는 것이 좋다.[35]

마지막으로 슬라이드 ⑦에서 이 발표의 핵심 아이디어인 여름 창업 캠프의 확대와 거기에 필요한 예산 지원을 요청한다.

이 발표는 길어도 3분이 넘지 않을 것이고 복잡한 슬라이드도 없다. 그러나 원하는 메시지를 명확히 전달했고, 마지막에는 청중을 원하는 B 지점으로 인도해 캠프의 확대 시행과 예산 지원을 요청했다.

/ 발표의 시행 /

청중은 발표 전부터 발표자의 모습을 보고 발표자와 발표에 대한 기대감(또는 실망감)을 갖기 시작한다. 발표자의 옷차림, 태도(긴장하고 있는지, 여유를 풍기는지), 표정 그리고 맨 처음 한두 개의 슬라이드에서 발표가 흥미가 있을지 없을지를 판단한다. 한번 흥미를 잃은 청중의 마음을 되돌리기는 매우 힘든 일이다.

발표자는 첫 슬라이드에서 청중을 사로잡아야 한다. 발표자가 청중의 관심을 끄는 데는 여러 방법이 있는데, 그중 몇 가지를 살펴보자.

1. 질문

청중이 참여할 수 있는 질문을 던진다. 우버 같은 자동차 공유 플랫폼을 홍보하는 자리라면 "여러분, 늦은 밤이나 비 오고 바람이 심하게 부는 궂은 날씨에 택시를 잡지 못해 고생한 적이 있습니까? 그런 분은 손을 들어주시기 바랍니다"처럼 참여를 유도함으로써 청중의 관심을 끄는 것이다. 많은 청중이 손을 들게 되면, 일단 발표자와 청중 사이에 연결 끈이 생긴 셈이다. 이 방법의 위험성은 발표자의 예상과 달리 질문에 손을 드는 청중이 많지 않은 경우다.

2. 잘 알려져 있지 않은 사실이나 통계 활용

"여러분은 이 사실을 아십니까? 도산하는 회사의 80%가 장부상에서는 흑자였다고 합니다."

3. 과거 회상이나 미래 예측

"1995년에 지금의 스마트폰 한 대를 구현하려면 그 속에 들어가는 반도체 값만 10억 원 넘게 필요했습니다."

"2030년에는 도로상에 있는 자동차 중 90%가 운전자 없이 운행될 겁니다."

4. 사람 이야기

"2008년 브라이언 체스키와 조 게비아는 지지부진한 매출과 늘어가는 카드빚에 자신들이 창업한 스타트업의 문을 닫을까 심각하게 고려하고 있었습니다. 이 스타트업이 오늘날의 에어비앤비입니다."

이 밖에 그림 21에서 예로 든 슬라이드 ①처럼 첫 슬라이드로 청중을 궁금하게 만드는 방법도 있다.

우리는 글이든 발표든 서론–본론–결론이라는 순서에 익숙해져 있다. 그러나 이런 순서는 시간 제약이 있는 발표에서는 효과적이지 않다. 발표를 할 때는 맨 앞에서 결론 또는 가장 중요한 이야기를 전달해야 한다. 투자 유치를 위한 피칭에서는 현재의 고객이 가진 문제를 장황하게 설명하는 경우가 많은데, 이런 발표를 많이 들어본 청중은 속으로 "제발 서론은 그만 하시고 핵심을 보여주세요"라고 말하고 있을지도 모른다. 이보다는 "우리(회사)는 '해결책'을 개발하고 있습니다. 왜냐하면 우리의 '해결책'이 고객들의 심각한 '문제, 아픔'을 해결할 것이기 때문입니다"라고 발표를 시작할 때 보다 효과적으로 청중의 관심을 끌 수 있을 것이다. 다시 말해 발표의 핵심 내용을 가장 앞에 보여주는 것도 좋은 방법이다.

예를 들어 박물관에서 소장하고 있는 물건들을 복제해 시각장애인들이 그 복제한 물건을 만지면서 작품을 감상하는 방을 신설하고자 한다고 하자. 이를 위한 모금을 한다면, 발표를 어떻게 시작하면 좋을까?

이 사례는 실제 있었던 일로, 실제 발표자는 발표를 시작하면서 방안의 불을 모두 껐다. 아무것도 보이지 않는 완전한 어둠 속에서 발표자는 "여러분이 즐겨 찾으시는 우리 박물관의 전시실들을 시각장애인들께는 이렇게 느끼십니다"라고 첫 마디를 내뱉고 다시 불을 켰다.[36] 아마도 이보다 더 효과적인 방법으로 발표를 시작하기는 쉽지 않을 것이다.

발표의 주인은 발표자지 슬라이드가 아니다. 많은 발표자들이 슬라이드를 비추는 화면에 주인 자리를 양보한다. 그리고 청중을 등지고 슬라이드만 쳐다보면서 발표를 이어간다. 발표는 발표자와 청중 사이의 커뮤니케이션이고 슬라이드는 어디까지나 보조자료다. 발표 때 연단을 벗어나서 가능한 한 청중에게 가까이 다가가고 청중과 눈을 맞춰가며 이야기하도록 하자. 한 문장에 한 청중과 눈을 맞추고 다음 문장에는 다른 청중과 눈을 맞추고, 가능한 한 모든 청중과 눈을 맞추도록 하자. 이렇게 하면 청중은 발표자가 자신과 1 대 1로 소통을 한다고 느낄 수 있다. 발표자는 원하는 슬라이드가 제대로 구현되고 있는지 확인할 때만 스크린을 잠깐 보고 시선은 늘 청중 쪽을 향해야 한다.

청중은 발표자의 태도에서 많은 영향을 받는다. 아무리 내용이 좋더라도 발표자가 긴장해서 땀을 흘리고 목소리도 불편하게 들리면 청중은 그 발표를 즐기기 힘들다. 반대로 발표자가 자신 있고 여유 있는 모습을 보이면 청중도 마찬가지로 발표를 여유 있게 즐길 수 있게 된다.

자신 있는 모습은 발표자가 다짐한다고 만들어지는 것은 아니다. 결국 발표 연습을 많이 하고 발표 내용을 철저히 이해할 필요가 있다. 이렇게 철저히 준비해서 발표 경험이 자꾸 쌓이면 결국 어떤 상황에서도 긴장하지 않고 자신감 있는 모습으로 청중과 교감하면서 발표를 즐기는 경지에 이르게 된다.

연습을 많이 하라는 것이 발표 내용을 외우라는 의미는 아니다. 혹시 긴장을 해서 외운 내용 중 한 줄이라도 생각나지 않으면 발표를 망칠 수도 있다. 그보다는 각각의 슬라이드에서 핵심 포인트가 무엇인지를 이해하고 발표 때는 편하게 나오는 대로 이야기하면서 핵심 내용을 절대로 빠뜨리지 않도록 해야 한다.

발표자에게 건설적인 비평을 해줄 수 있는 사람들을 청중으로 초대해 발표에 대한 비평을 듣는 것도 좋은 방법이다. 그리고 실제로 자신이 발표하는 모습을 녹화해서 여러 번 보는 것도 좋다. 자신은 전혀 의식하지 못하는 귀에 거슬리는 소리나 말버릇, 청중을 거북하게 할 수 있는 몸짓이나 손짓 등을 찾아낼 수도 있다. 그리고 발표를 잘하는 사람들의 발표를 벤치마킹한다. TED에도 훌륭한 강연이 많이 있으니 같은 강연을 여러 차례 분석적으로 보고 자신의 발표에 어떻게 반영하면 좋을지를 생각해본다.

/ 리디스테크놀로지 기업공개 시 발표 사례 /

미국 실리콘밸리에서 기업공개Initial Public Offering: IPO, 즉 상장을 할 때는 증권거래감독위원회Securities and Exchange Commission: SEC에 상장신청서를

내고, 허가가 나면 기관투자가를 만나 회사를 소개하게 된다. 이렇게 해서 회사가 상장할 때 주식시장에서 유통되는 주식을 살 충분한 수요를 확보하려고 한다. 이 과정을 '로드쇼road show'라고 하고, 보통 2주간 미국·유럽·아시아의 투자기관이 모여 있는 주요 도시들을 방문해 회사 설명을 하게 된다. 만약 회사의 주식에 대한 수요가 부족하다면 상장을 연기하거나 포기하는 경우도 있을 만큼 상장 로드쇼는 기업공개에서 매우 중요한 과정이다.

실리콘밸리에는 로드쇼를 전문적으로 도와주는 코치가 있는데, 저자의 스타트업은 《파워 프레젠테이션Presenting to Win》의 저자이기도 한 제리 와이즈먼Jerry Weissman의 도움을 받았다.

우리는 한 달 남짓 되는 기간 동안 매주 1회씩 네 번, 한 번에 2시간 정도씩 만났다. 첫날은 와이즈먼이 브레인스토밍 회의를 주관했는데, 그는 나와 우리 회사의 경영진이 하는 이야기를 듣고 그 내용을 화이트보드에 자세히 적었다.

화이트보드가 거의 채워졌을 때 와이즈먼은 발표에 반드시 들어가야 할 핵심 항목에 동그라미를 치며 번호를 매겼다. 그리고 남은 항목 중 일부는 핵심 항목의 일부가 되게 하고, 그러고도 남은 항목은 발표 내용에서 제외시켰다. 각각의 핵심 항목과 부수적인 항목이 한 장의 슬라이드에 들어갔고, 간혹 내용이 긴 경우에는 두 장의 슬라이드에 넣어 전체 길이가 20분 정도 되게 발표 내용을 정리했다. 이 과정을 펀딩을 위한 발표에 적용한 것이 뒤에 나올 그림 24, 25, 26이다.

와이즈먼과 함께 만든 이 화이트보드를 사진 찍어서 발표 관련 디자인 책《슬라이드올로지*Slide:ology*》와《Resonate》를 쓴 낸시 두아르떼Nancy Duarte가 운영하는 디자인 회사 두아르떼Duarte에 슬라이드 디자인을 의뢰했다. 두아르떼는 이후 미국의 전 부통령이자 지구온난화 문제를 다뤄 노벨평화상을 받은 앨 고어Al Gore의 지구온난화 프레젠테이션 디자인을 도맡아서 했고, 지금은 프레젠테이션 디자인 분야에서 독보적인 인물이 되었다.[37]

슬라이드가 준비된 후 나는 다시 와이즈먼에게 가서 발표 연습을 했다. 발표를 시작할 때 청중의 관심을 끄는 방법에 대해 의논했는데, 내가 낸 아이디어가 받아들여져서 다음과 같은 구절을 준비했다.

"여러분, 우리 회사에 대해 들어보셨습니까? 아마도 처음 들어보시겠죠? 그러나 여러분 중 많은 분들이 이미 우리 회사의 제품을 여러분 주머니 속에 가지고 있습니다. 왜냐하면 우리 회사는 세계 1, 2위의 휴대폰 생산 회사 노키아와 삼성전자에 디스플레이 구동 반도체를 대량 공급하고 있기 때문입니다."

그 이후에는 연습을 수없이 반복했다. 질의응답도 연습했다. 연습을 통해 발표 내용이나 흐름을 미세하게 조정하기도 했다. 그렇게 연습한 결과 로드쇼를 시작할 때쯤에는 발표 내용에 대해 상당히 편하게 느끼게 되었다.

프레젠테이션 코치를 잘 받았고 슬라이드 디자인도 좋았으나 그 비용은 상당히 비쌌다. 내가 이 부분에 대해 회사의 사외이사에게 불평

하자 실리콘밸리의 저명한 투자가인 사외이사는 "프레젠테이션이 잘 안돼서 상장에 실패하면 1억 달러 가까운 돈이 사라지는데, 그에 비하면 아무것도 아니지"라고 말했다.

이렇게 준비한 덕택에 로드쇼에서 발표가 순조롭게 진행되었고, 우리 회사의 주식을 찾는 많은 투자가들 덕택에 성공적으로 상장을 할 수 있었다.

/ 발표자의 태도 /

내가 발표를 마치고 나자 많은 청중이 다가와서 훌륭한 발표였다고 말했다. 그 후 몇 년의 시간이 흘렀다. 청중은 몇 년 전 그날의 발표에 대해 지금 무엇을 기억하고 있을까? 청중의 기억에 아직도 남아 있다면 그것은 발표의 자세한 내용이 아니라 발표자가 청중에게 남긴 인상일 것이다. 오랫동안 좋은 인상이 남는 발표를 하려면 다음의 여섯 가지를 늘 잊지 않기를 바란다.

1. 언제나 진실을 말한다

어떤 종류의 발표에서든 발표자가 청중에게 솔직하다는 느낌을 주는 것은 매우 중요하다. 그리고 한 슬라이드와 다른 슬라이드 사이에서는 사실이나 숫자에 모순이 없어야 한다.

2. 연습을 충분히 한다

발표 내용에 완전히 익숙해질 때까지 연습을 게을리하지 않는다. 이렇게 하면 발표자에게 자신감과 여유가 생겨서 침착하게 발표에 임할 수 있게 된다.

3. 열정을 보인다

발표자는 발표 내용에 확신이 들어 즐겁게 발표할 수 있을 때 열정이 생긴다.

4. 연설이 아니라 대화를 한다

수업시간에는 졸 수 있지만 1 대 1 대화에서는 그런 일이 드물다. 그러므로 1 대 1 대화를 하듯이 발표를 하면 좋다. 연단 뒤에 서 있지 말고 청중에게 가깝게 다가가서 청중과 눈을 맞춰가면서 발표를 하도록 한다.

5. 짧고 간단하게 말한다

청중이 느끼는 좋은 발표는 짧고 이해가 잘되는 발표다. 지식이 많은 사람은 흔히 지식의 저주에 빠지기 쉬운데, 비전문가인 발표자의 할머니도 이해할 수 있는 쉬운 발표를 목표로 해야 한다. 아인슈타인도 "간단히 설명할 수 없다면 제대로 이해하지 못하고 있는 것이다"라고 말하지 않았나!

6. 냉정을 잃지 않고 품위 있는 태도를 갖는다

청중 중에는 발표자에게 적대적인 모습을 보이고 악의적인 질문을 하는 사람도 있을 수 있다. 어떤 악의적인 질문이 들어와도 발표자는 언제나 냉정을 잃지 않고 품위 있는 모습을 보여야 한다.

/ 펀딩을 위한 피칭 /

피칭은 발표 길이에 따라 구분되는데, 20~30초 이내의 엘리베이터 피치, 3~4분 길이의 쇼트 피치, 10~15분의 롱 피치 등이 있다. 이런 발표 시간은 인간이 주의 집중을 하는 시간과 관련이 있다. 첫 20~30초 사이에 사람들은 발표자의 이야기에 흥미를 느끼는지, 관심을 갖고 들을 것인지를 무의식중에 결정한다. 다음 단계의 주의 집중 시간은 3~4분 정도로, 발표에 관심이 생긴 사람들은 한 단계 더 깊은 상세한 내용을 보게 된다.

짧은 시간에 핵심적 메시지를 전달하는 것을 엘리베이터 피치라고 한다. 엘리베이터에서 유명한 벤처캐피털 투자가를 만났을 때 엘리베이터에 타서 내릴 때까지 20~30초의 짧은 시간 동안 회사의 핵심 정보를 전달해 투자가의 흥미를 유발해야 한다는 데서 나온 표현이다. '와우 스테이트먼트wow! statement'라고도 한다. 아주 짧은 시간에 주의를 끌고 흥미를 유발해야 하므로 많은 준비가 필요하다. 엘리베이터 피치는 문장으로 쓴 후 읽으면서 다듬고, 시간을 재가면서 연습할 필요가 있다.

성공적인 엘리베이터 피치는 쇼트피치로 연결된다. 쇼트피치는 3~4분의 시간 동안 9~12장 내외의 슬라이드를 이용해 스타트업의 핵심 정보를 전달하는 것으로, 가장 표준적인 피칭이라 할 수 있다.

쇼트 피치에서도 흥미를 느끼면 청중의 주의 집중 시간은 10~15분으로 늘어나고, 롱 피치를 통해 스타트업에 관한 더 자세한 정보를 접하게 된다.

발표의 목표는 듣는 사람에게 모든 내용을 단번에 전달하는 것이 아니고, 엘리베이터 피치에서 흥미를 유발해서 쇼트 피치로 끌고 가고, 다시 롱 피치로 유도하는 것이다. 스타트업 경진대회에서도 스타트업들은 주로 쇼트 피치를 하게 된다. 여기서는 열 장의 슬라이드로 구성된 쇼트 피치를 보여주는데, 필요에 따라 슬라이드 한두 장을 추가하거나 뺄 수 있다. 각 슬라이드마다 20~40초를 할애해 총 4분간 발표하는 것을 목표로 한다. 쇼트 피치에서 사용하는 슬라이드의 내용은 거의 표준화되어 있는데, 여기서는 쇼트 피치를 어떻게 준비하는지 처음부터 살펴보자.

발표자는 스타트업의 CEO이고, 나머지 공동 창업자들과 함께 모여 발표 준비를 한다고 가정하자. 창업자들은 3장에 나왔던 아이디어 도출을 위한 브레인스토밍을 통해 발표에서 무슨 이야기를 할지를 포스트잇 같은 도구를 활용해 하나하나 모두 적어본다. 그림 24는 포스트잇을 활용해 브레인스토밍을 한 결과이다.

아이디어가 충분히 모이면 다음에는 핵심이 되는 아이디어들을 선정한다. 그림 25와 같이 발표의 핵심이 될 열 개의 항목을 정한다.

다음에는 원활한 흐름이 되도록 재배치한다. 예를 들면 '먼저 엘리베이터 피치로 우리 스타트업이 무엇을 하는지를 요약함으로써 투자가의 주의를 끌고', '우리가 해결하려는 고객의 문제를 보여주고' 그후 '우리의 해결책에 대해 설명'을 한다. 그리고 '이 해결책이 공략하려는 시장의 규모를 계산한 결과를 보여주는' 것이다. 이처럼 핵심 아이디어의 흐름이 물 흐르듯 부드럽게 흘러가도록 배치한다.

발표 항목을 재배치하고 남은 포스트잇 중에는 선정된 핵심 아이디

/ 그림 24 / 발표 내용에 관한 브레인스토밍 결과

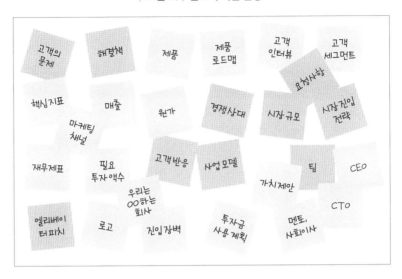

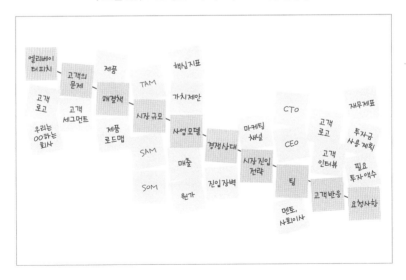

어를 보조해줄 만한 아이디어들도 있을 것이므로 핵심 아이디어를 중심으로 그룹화한다. 이때 발표에 꼭 필요하지 않은 포스트잇은 제거한다.

그림 26에는 재구성한 포스트잇이 나와 있다. 여기에 열 가지의 핵심 아이디어가 발표 순서대로 나와 있고, 각 핵심 아이디어와 관련된 보조 아이디어들이 모여 있다. 그림 26은 그림 19와 마찬가지로 스토리보드에 해당한다. 순서는 반드시 그림 26을 따라할 필요는 없고 자신의 프레젠테이션에 가장 잘 맞는다고 느끼는 발표 순서대로 하면 된다. 그리고 그림 24, 25, 26은 단지 투자 유치 시의 피칭만이 아니라 어떤 발표에든 적용할 수 있다는 것을 기억하도록 하자.

스토리보드가 준비되면 비로소 컴퓨터로 슬라이드를 준비한다. 다음은 열 장의 쇼트 피치 슬라이드에 관한 설명이다.

엘리베이터에서 우연히 꼭 만나고 싶었던 투자가를 만났다면 그가
목적한 층에서 내릴 때까지 발표자의 사업에 대해 설명해야 한다. 주
어진 시간은 단 20초. 이 20초 안에 투자가에게 본인의 아이디어가 투
자가의 시간을 더 쓸 만한 가치가 있다는 것을 보여주어야 한다.

쇼트 프레젠테이션도 엘리베이터 피치로 시작하는데, 다음과 같이
스타트업의 가치 제안과 매출 모델을 설명한다.

"우리는 (해결책)으로 (문제, 필요)를 해결합니다. 우리는 (혜택)을
얻는 (고객, 사용자)에게 청구하여 돈을 법니다."

2. 고객의 문제

- 풀려고 하는 고객의 문제
- 고객은 현재 이 문제를 어떻게 해결하고 있는지 설명한다.

많은 창업자들이 진정한 문제를 풀려 하지 않고 당장 시장에서 요구하는 문제에 대응한다. 창업자는 왜 이 문제가 중요하고, 어떻게 최종 사용자에게 영향을 줄 것인지를 어필함으로써 투자가들이 공감할 수 있게 해야 한다. 이를 위해 스토리텔링은 유효한 방법이다. 이 문제가 발표자 자신이 경험한 문제이고, 문제를 해결하는 데 열정이 있고, 투자가도 공감을 하면 가장 좋다.

발표자의 해결책과 제품이 이 문제를 해결함으로써 세상을 어떻게 바꿀 수 있는가에 초점을 맞춰 발표자의 제품이 다른 어떤 솔루션보다 문제를 더 잘 풀 수 있다는 것을 보여준다. 여기서 너무 기술적으로 깊이 들어가지 말자. 너무 자세한 기능이나 복잡한 기술적 이슈에 관한 이야기도 피한다. 가능하다면 간단하게 시연을 하는 정도는 좋다.

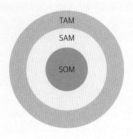

4. 시장 규모

- 시장 규모를 상향식, 하향식으로 계산
- TAM과 SAM, SOM을 보여준다.

시장 규모 계산 결과를 보여준다. 상향식과 하향식으로 계산해서 비슷한 시장 규모를 얻었다면 신빙성을 더 높일 수 있을 것이다. 피칭을 할 때는 절대 과장하거나 사실이 아닌 것을 이야기하면 안 된다. 무엇보다 여러 슬라이드에 나오는 숫자들이 서로 일치해야 한다.

시장 규모나 매출 등을 예측할 때는 근거를 제시할 수 있어야 하고, 지나치게 숫자가 크다면 조심하도록 하자. 숫자가 너무 크면 투자가들이 황당하다고 느낄 수 있다. "우리의 예측치는 매우 보수적입니다", "우리는 세계 최고의 팀입니다", "우리가 공략하려는 시장은 50억 달러 규모고, 시장점유율이 10%만 돼도 5억 달러의 매출이 예상됩니다" 등은 투자가들이 이미 많이 들어왔고, 또 듣기 싫어하는 말이다.

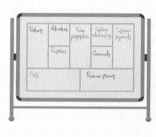

비즈니스 모델은 너무 자세히 언급할 필요가 없다. 스타트업은 일반적으로 엑시트까지 여러 차례 피벗을 하게 되고, 투자가도 이를 잘 알고 있기 때문이다.

6. 경쟁사

- 경쟁사 현황을 설명하고, 가능하다면 가장 중요한 세 곳을 보여
  준다.
- 직접 경쟁 상대 외에 가능한 모든 경쟁 상대를 열거한다.
- 스타트업의 비교우위를 설명한다.

스타트업의 가능성은 시장 규모와 경쟁 상대로 결정된다고 할 수 있다. 경쟁 상대에 대해 이해하기 위해 노력을 많이 했다는 것을 보여 주어야 한다. 경쟁사와의 비교를 통해 나의 스타트업이 경쟁 상대보다 잘할 수 있는 것이 무엇인지를 보여준다. 그러나 경쟁사를 과도하게 비하하지는 않는 것이 좋다. "우리의 기술이 워낙 독보적이어서 경쟁 상대가 전혀 없습니다"라는 식의 표현 또한 피하는 것이 좋다.

7. 시장 진입 전략

- 고객을 어떻게 확보하나?
- 마케팅 경로

스타트업이 가장 취약한 부분 중 하나가 제품이나 기술은 좋은데 어떻게 고객과 연결될 수 있는가이다. 따라서 여기서는 지금까지 어떻게 고객을 찾아왔는지, 성과가 어떤지를 설명한다. 그리고 앞으로 어떤 전략으로 시장에 진입하고 고객을 늘릴 계획인지를 보여준다.

8. 고객 반응

- 제품이 시장에 나와 있으면 고객의 반응을 보여준다.
- 고객의 코멘트를 인용해도 좋다.
- 초기 개발 단계의 스타트업은 고객 인터뷰 결과를 활용한다.

고객이나 사용자가 있다면 그들과 관련된 스토리를 들려준다. 이 방법은 아주 효과적일 수 있다. 정성적定性的인 것보다는 수치로 이야기할 수 있다면 더 좋다.

투자가가 가장 좋아하는 팀은 이미 창업을 해서 성공을 경험한 팀이다. 이런 경우 투자가의 신뢰도가 많이 높아질 수 있다. 아직 성공경험이 없는 팀이라면 창업팀이 다양한 배경을 가지고 있기 때문에 서로 약점을 보완할 수 있다는 점을 강조하면 좋다. 그리고 이사회나 멘토의 풍부한 경험을 부각시켜도 좋다.

10. 요구사항

- 구체적인 투자액
- 투자액을 어디에 쓸 것인지 설명
- 근거가 되는 재무 계획을 포함시켜도 좋다.

창업자 중에는 구체적인 액수를 제시하며 투자 요청을 하는 것을 부담스러워 하고 미안해하는 경우가 있는데, 이는 올바른 태도가 아니다. 구체적으로 당당하게 투자 요청을 할 때 투자가는 창업자가 업무를 제대로 파악하고 있고 뚜렷한 목표를 가지고 있다는 인상을 받게 된다. "제게 ○○를 투자해 주시면 큰돈을 벌게 해드리겠습니다"처럼 당당한 자세로 요구하기 바란다. 물론 오만하게 보여서는 안 된다.

8장

창업자가 갖추어야 할
리더십

"내가 왜 창업을 해야 하는가?"
이 질문에 대해 확실하게 답할 말이 있는가를
신중하게 검토해보기 바란다.

＿＿＿

누구나 스타트업을 시작할 수 있다.
그러나 리더만이 성공할 수 있다.

데릭 리도우 Derek Lidow

/ 창업자의 적성 /

창업은 내 인생에서 가장 보람 있었던 일 중 하나였고, 창업을 통해 나는 다른 곳에서는 겪기 힘든 많은 값진 경험들을 할 수 있었다. 이런 경험들을 해본 창업 선배로서 나는 독자들께 다음과 같은 당부의 말씀을 드리고 싶다.

창업에 대한 결정은 매우 신중하게 해야 한다. 우리는 흔히 성공한 창업자들의 이야기를 듣고 창업이 화려하고 매력적인 일이라는 낭만적인 생각을 하기 쉽다. 그러나 창업자들이 그 자리까지 가기 위해 엄청난 노력을 기울였다는 사실을 간과해서는 안 된다.

여러분이 창업을 꿈꾸고 있다면 우선 스스로에게 다음 질문을 해보기를 바란다.

"내가 왜 창업을 해야 하는가?"

이 질문에 대해 확실하게 답할 말이 있는가를 신중하게 검토해보기 바란다.

창업도 다른 일들처럼 적성이 맞는 사람이 따로 있다. 누구나 창업자가 될 수 있는 것은 아니다. 스타트업은 보통 심한 불확실성을 안고 운영하게 된다. 창업자에게는 불확실성과 리스크가 크게 불안하거나 불편하게 느껴지지 않아야 하고, 아무리 어려운 상황에서도 낙관적이어야 하며, 포기하지 않는 끈기가 필요하다. "다른 할 것이 없으니 창업이나 해볼까?" 하는 가벼운 마음으로는 절대로 창업을 하지 말기를 바란다. 그러나 스타트업에도 다양한 사람과 능력이 필요하므로 꼭 창업을 하지 않더라도 뜻이 맞는 스타트업에 합류해 핵심 인력으로서 창업자의 단점을 보완하는 등 스타트업의 성장에 크게 이바지하는 방식으로 자신의 능력을 발휘할 수도 있다.

/ 예비 창업자에게 드리는 조언 /

창업이 적성에 맞고 열정도 있다면 창업에 도전하라고 적극적으로 권하고 싶다. 하지만 아무리 창업자의 능력이 뛰어나고, 강력한 팀이 있고, 열심히 일한다 해도 스타트업의 성공 확률은 절대 높지 않다. 이에 창업에 도전하려고 준비하는 사람들에게 다음과 같이 조언한다.

1. 훌륭한 장수가 이길 수 있는 전투만을 골라서 싸우듯 창업자는 승산이 있는 창업에 도전한다.

2. 승산이 있는 창업을 하려면 많은 준비를 하고 시작해야 한다. 이 책을 읽고, 온라인 창업 강좌를 듣는 것도 그러한 준비의 일환이 되겠다. 또한 많은 선배 창업자를 만나 조언을 듣는다.

3. 자신의 사업 아이디어나 능력에 도취되지 말고 항상 자신에게 엄격한 자세를 가진다. 창업 전에 사업 아이디어를 철저히 검증하고 다듬는다. 사업이 예상만큼 진척되지 않을 때는 객관적으로 그 이유를 분석한다. '좀 더 시간이 지나면 나아지겠지' 하는 생각으로 안일하게 대응하지 말고, 실패를 인정하고 빨리 방향을 전환한다.

4. 창업 초기에는 투자금만으로 운영한다. 투자금은 사업의 성공 가능성도 보지만, 실패를 감수할 각오도 하고 투자하는 돈이므로 빌리는 돈보다 훨씬 부담이 적다. 아무도 투자할 생각이 없다면 원점으로 돌아가서 자신의 아이디어에 무슨 문제는 없는지 검토한다.

5. 첫 번째 도전에서 성공을 못했을지라도 그 자체만으로 귀중한 경험이다. 한 번 실패했다고 좌절하지 말고 다시 도전하는 용기를 잃지 않는다.

/ 창업자의 임무와 태도 /

혼자서 창업하더라도 창업자는 사회 속에서 다양한 네트워크를 활용하게 된다. 공동 창업자를 구하고 직원을 채용하며 투자가를 소개받고 고객을 만나는 이 모든 일들이 네트워크를 통해 이루어지게 된다. 따라서 창업자에게 네트워크가 얼마나 중요한지를 이해해야 한다.

창업자에게는 다섯 가지 임무가 있다고 할 수 있다.

- 비전을 세우고
- 회사 안팎에서 공감을 얻고
- 인재를 끌어 모아 강력한 팀을 만들고
- 필요한 자금을 시기에 맞춰 조달하여
- 회사 전체가 원활하게 돌아가게 한다.[38]

그렇다면 이번에는 창업자가 가져야 할 태도에 대해 생각해보자.

창업자들이 가장 못하는 일 중 하나가 권한 이양이다. 창업자들은 일반적으로 뛰어난 능력과 완벽주의적인 성향이 있어서 모든 일이 자신을 거쳐 가게 한다. 물론 초기에는 많은 일을 직접 할 수밖에 없지만 권한 이양을 하지 못하면 결국 스타트업의 성장은 거기서 멈추게 된다. 회사를 키워가면서 가장 핵심적인 두세 가지 일은 창업자 자신이 직접하고, 나머지는 권한 이양을 할 줄 알아야 한다.

스타트업의 특징 중 하나는 어떤 결정을 내릴 때 그 결정의 근거가 될 충분한 데이터가 없고 심사숙고할 시간도 충분치 않다는 것이다. 결국 자신을 믿고 자신감 있게 일해야 하지만, 그와 함께 부하 직원을 포함한 회사 안팎에 있는 사람들의 비평이나 고언에 귀를 기울일 줄 알아야 한다.

창업자는 회사의 현관에 서서 일한다는 생각으로 일하는 것이 좋다. 외부와 긴밀하게 소통하고, 시장과 고객의 동향을 잘 읽으면서 회사의 외부와 내부를 연결하는 다리 역할을 해야 한다. 그와 동시에 회사 내부를 완전히 파악하고 있어야 한다.

창업자에게 있어서 비전은 매우 중요하다. 비전이 없는 창업자는 있을 수 없다고 해도 과언이 아니다. 비전 없이는 우수한 인력을 끌어들일 수도 없을 것이고, 투자를 받거나 고객을 얻을 수도 없을 것이다. 그러나 현실에 두 발을 딛고 있지 않은 비전은 허상에 불과하다. 창업자는 비전과 연관하여 장기적인 안목을 가지고 있어야 하지만, 동시에 하루하루 스타트업을 이끌어가면서 당장 내일 필요한 현금이 떨어지지 않게 하는 것 역시 창업자의 중요한 임무이다.

창업, 하면 위험 감수risk taking에 대해 떠올리지 않을 수 없다. 창업에는 여러 과정이 있는데, 거쳐야 할 각 단계에서의 확률을 알면 최종적인 성공 확률은 각 단계에서의 성공 확률의 곱이 된다. 만일 각 단계마다 성공 확률이 50%라면 최종 성공 확률은 '$0.5 \times 0.5 \times 0.5 \times \cdots$'로 표시되고, 일곱 단계만 거쳐도 성공 확률이 1% 미만이 된다. 그러므로 창업의 모든 단계에서 위험 감수를 한다면 결과는 분명 실패일 것이다. 따라서 창업자는 가장 핵심적인 단계에서만 과감하지만 잘 계산된 위험을 감수하고, 나머지 과정에서는 위험을 피해야 한다.

/ 공동 창업자와 스타트업 팀 /

투자가들이 투자 검토를 할 때 가장 관심 있게 보는 것은 팀이 계획을 끌고나가면서 일을 성공시킬 능력이 있는가이다.

공동 창업의 경우 투자가들은 일반적으로 두세 명의 공동 창업자가 함께하는 것을 선호한다. 공동 창업자가 있으면 서로의 약점을 보완해 줄 수 있고, 보다 넓은 범위의 문제를 해결할 수 있다고 여기기 때문이다.

그런데 공동 창업자들의 갈등은 최악의 경우 회사를 깨지게 할 정도로 심각한 문제다. 따라서 공동 창업자를 고를 때는 매우 신중해야 한다. 자신의 단점을 보완해줄 수 있어야 하고, 완전히 신뢰할 수 있는 사이여야 하며, 회사 안에서도 밖에서도 즐겁게 함께 지낼 수 있는 상대여야 한다. 이런 공동 창업자라면 오랫동안 잘 아는 사이여야 한다. 예를 들면, 학창시절을 함께 보낸 오랜 친구를 들 수 있다. 그러나 사람들은 자기와 생각이나 관심이 비슷한 사람과 친하게 지내는 경향이 있다. 자신을 보완해 주지 못하는 친구를 단지 오랫동안 친하게 지냈고 믿을 만하다는 이유로 공동 창업자로 선택하는 것은 바람직하지 않다. 친한 친구 사이에서는 가급적 충돌을 피하려고 하기 때문에 어떤 사안에서는 최적의 해결책을 찾기보다 모두를 만족시키려고 미봉책을 택할 위험이 있다.

미국에서 실시한 스타트업 실패 사례에 관한 연구에 따르면, 마흔아홉 개의 벤처캐피털로부터 투자를 받았으나 성공하지 못한 아흔여섯 개 스타트업 중 95%가 팀과 관련된 문제 때문에 실패한 것으로 조사되었다.[39] 공동 창업자가 일찍 회사를 떠나게 되면 회사에 아무런 기여를 하지 않는 대주주가 생겨나게 된다. 이런 경우 벤처캐피털의 투자를 받기가 어려울 수 있다. 이를 방지하기 위해 6장에서 말한 베스팅 제도를 활용한다.

/ 주식 나누기 /

여러 명이 공동으로 창업을 했다면 어떻게 주식을 나눌 것인가 하는 매우 어렵고도 미묘한 문제에 부딪히게 된다. 이는 공동 창업이라면 세계 어디서나 겪는 문제로, 단순히 경제적 이득에만 국한되는 것이 아니라 개인의 자존심과도 연결되는 문제이기도 하다.

주식 배분과 관련된 문제 때문에 심하면 회사가 깨지기도 한다. 이런 문제는 창업 초기보다는 회사가 생존해 성공이 가시권 안에 들어

왔을 때 발생하는 경우가 많다. 창업 초기에는 '10%', '20%' 식으로 표시되는 지분율이 체감이 잘 안된다. 그러다 회사의 가치가 올라가고 지분율이 돈으로 환산되면 길등이 생기기 시작한다. 그런데 회사에 대한 공헌도가 나보다 못한 공동 창업자의 지분이 내 지분의 두 배라면 기분이 어떻겠는가? 이런 식으로 불만이 쌓이기 시작해 공동 창업자와의 사이가 벌어지면서 화산이 폭발하듯 회사가 망가지거나 창업자 중 일부가 회사를 떠나는 일도 적지 않게 발생한다.

N분의 1 혹은 경험과 기여도에 따라 배분

주식 배분에 대한 묘책이나 황금률은 없다. 다만 창업 초기에 빨리 배분하는 것이 좋다. 그런데 이때의 작은 불만이 휴화산처럼 내재해 있다가 회사의 성공을 눈앞에 두고 크게 폭발할 수 있다. 그러니 쉽지 않지만 당사자들끼리 마음을 열고 진솔한 대화를 나누며 앞으로 있을지 모를 분란을 미리 예방할 필요가 있다.

만일 3인이 공동 창업을 한 경우라면 각각 3분의 1씩 같은 비율로 주식을 배분하는 방식이 있을 수 있다. 그리고 CEO가 다른 공동 창업자에 비해 훨씬 경험이 많거나 지금까지, 또 앞으로도 훨씬 많은 기여를 할 것이 예상된다면 다른 공동 창업자에 비해 월등하게 많이 가져가는 방식이 있을 수 있다. 예를 들어 CEO가 70%, 다른 두 창업자가 각각 CEO의 5분의 1에 해당하는 15%씩을 가져가는 것이다. 아마도 거의 모든 경우가 이 두 사례 사이에 존재할 것이다.

그런데 만약 한 공동 창업자의 지분이 가장 많은 지분을 가져가는 공동 창업자의 5분의 1에도 미치지 못한다면 그에게 기대하는 기여도가 상당히 낮기 때문일 것이다. 그렇다면 공동 창업자로서의 가치가 없을 수도 있다는 의미이므로 공동 창업자로 같이 일할 것인지에 대해 재고할 필요도 있다.

중요한 건 아이디어 실천 과정에서의 기여도

스타트업에서 가장 중요한 것은 사업 아이디어를 실천에 옮기는 것이다. 그러므로 지분을 배분할 때는 장래에 아이디어를 실천하면서 각자 예상되는 기여도를 기준으로 하면 되지 창업하기 이전의 기여도를 기준으로 할 필요는 없다. "이건 내가 낸 아이디어니까 내가 가장 많은 지분을 받아야 돼"라고 할 수는 없다는 말이다. 투자가는 아이디어에 투자하는 것이 아니고 아이디어를 실현시킬 팀에 투자한다는 것을 되새기도록 하자.

그러나 문제는 앞으로 벌어질 일에 대한 기여도를 바탕으로 주식을 배분하는 것이 현실성이 없다는 것이다. 또 자신이 생각하는 본인의 기여도와 주위 동료들이 생각하는 본인의 기여도가 다를 수 있기 때문에 주식 배분은 더욱 어려운 문제다.

일반적으로 CEO가 회사에서 차지하는 비중이 크므로 상대적으로 지분을 많이 가져가는 것이 보통이지만 학교 동창생들처럼 친구끼리 창업을 하는 경우에는 지분을 차등 배분하기가 무척 어렵다. 특히 평

등주의가 중요시되는 우리나라 문화에서는 기여도에 따라 지분을 나눌 경우 자칫 회사가 깨질 수도 있기 때문에 더 큰 분란을 막기 위해 어쩔 수 없이 지분을 N분의 1로 나누는 경우도 있다.

만일 장래에 공동 창업자 중 한 사람이 눈에 띄는 공헌을 했다면 추가로 스톡옵션을 제공함으로써 그 공을 인정해줄 필요도 있다.

경영권 행사보다 리더십과 능력으로 기여하는 창업자

주식 배분 시 창업자 중 한 사람이 50%보다 많은 주식을 보유함으로써 확실한 결정권을 가져야 벤처캐피털 투자를 받을 수 있다고도 하고, 적지 않은 창업자들이 자신의 지분율을 50% 넘게 유지하려고 노력하기도 한다. 창업자는 리더십과 능력으로 스타트업에 꼭 필요한 존재가 돼야 하는 것이지, 지분율 51% 이상이라는 숫자에 의지해 소위 '경영권'을 지키려고 한다면 그는 이미 창업자로서 자격이 없다고 할 수 있다. 미국 나스닥 상장 시 창업자나 CEO의 평균 지분율은 6%라고 한다.[40] 스타트업은 일반적으로 투자를 받아 단시간 내에 회사를 성장시켜야 하기 때문에 이처럼 많은 주식 희석을 겪게 된다.

창업자 중에는 자신의 주식 중 일부를 자신의 배우자, 심지어는 자녀의 이름으로 등록하는 경우도 있다. 스타트업은 주식을 소유하는 것 자체가 동기부여가 되어 주가를 올리기 위해 열심히 일하는 조직이다. 그러므로 회사에 아무런 기여를 못하는 주주가 있다는 것은 투자가들에게 부정적으로 보일 수 있고, 그로 인해 외부 투자를 받기가 더 어려워질 수도 있다.

스타트업은 법률, 회계, 재무 등에서 외부 전문가의 도움을 받아야 하는데, 창업자 중에는 초기에 변호사나 회계사 친구에게 지분의 일부를 주고 무료로 이런 서비스를 받으려고 하는 경우가 있다. 그러나 대부분의 경우 창업자가 의도한 대로 되지 않는다. 그들은 남는 시간에 창업자인 친구를 도와준다고 생각하기 때문에 비용을 지불하는 통상의 전문적인 서비스에 미치지 못하고, 창업자는 친구 사이라 제대로 된 서비스를 요구하지 못하기 때문에 질 높은 서비스를 받지 못한다. 비용을 줄이는 것도 중요하지만 개인적인 관계에 발목이 잡히지 않도록 하는 것도 창업자가 신경 써야 할 부분이다.

/ 직원 /

직원은 한번 채용하면 그 직원이 그만둘 때까지 꼬박꼬박 급여를 지급해야 하므로 창업 초기에 매출이 없는 스타트업에게는 상당한 재정적 부담이 될 수 있다. 따라서 직원 채용은 최대한 미루고 모든 일을 창업자가 해결하는 것이 바람직하다.

채용을 더 이상 미룰 수 없는 상황이라면 재무 상황이 좋지 않다는 이유로 최고의 인재가 아닌 그저 그런 직원을 뽑아서는 안 된다. 급여 지출은 최대한도로 억제하되 주식이나 스톡옵션을 활용해 최고의 인재를 영입해야 한다. 직원 후보 중 주식보다는 높은 급여를 선호하는 경우가 있을 수 있는데, 그런 사람들은 창업자의 비전을 공유하거나 회사의 미래를 믿기보다는 당장의 금전적 이득을 추구하는 사람이므로 채용하지 않는 것이 좋다.

일단 채용을 했다면 직원이 보람을 느끼고 즐겁게 일할 수 있도록 세심한 신경을 써줘야 한다. 회사를 다니면서 느끼는 만족도는 많은 급여에서 나온다기보다는 동료나 상사와의 원만한 관계, 자신이 하고 있는 일에 얼마나 의미를 느끼는지 등에 달려 있다.

직원을 채용할 때 좋은 직원을 뽑기 위해 아무리 신경을 쓴다고 해도 회사에 부정적 영향을 끼치는 직원이 들어올 수 있다. 부정적인 직원은 그 사람의 능력이 부족해서가 아니라 부정적인 태도가 더 문제가 된다. 회사의 비전을 공감하지 않고 불평불만이 많으며 동료들과 쉽게 갈등을 일으키는 경우가 여기 해당한다. 이런 경우 회사가 입게 될 손해는 그 한 사람에 그치지 않고 주변의 다른 직원들에게까지 미칠 수 있다.

직원을 내보내는 일은 창업자가 해야 할 가장 힘든 일 중 하나이다. 그래서 창업자는 '시간이 가면 좋아지겠지' 하고 결정을 미루는 경우가 많다. 그러나 부정적인 직원 때문에 입게 될 회사의 피해를 최소화하기 위해서 창업자는 징후가 보이면 과감하게 결단을 내려야 한다.

/ 멘토 /

"창업 후 회사를 경영하면서 가장 힘들었던 건 무엇이었나요?"

내가 창업 관련 강연을 하면서 가장 많이 받은 질문일 듯하다. 이 질문에 대한 내 대답은 바로 "외로움"이었다.

창업자는 매우 외로운 자리다. 창업자는 중요한 결정을 내려야 할 상황에 자주 직면하게 된다. 이는 대기업의 경영진도 마찬가지지만, 그들과 다른 점은 보다 빨리 결정해야 하고, 결정을 내리는 데 필요한 데이터가 턱없이 부족하며, 결정을 잘못 내리면 회사가 망할 수 있다는 부담이 있다는 것이다. 게다가 이런 결정을 앞두고 상의할 사람도 거의 없다.

농담 같은 이야기지만 이런 말이 있다. "창업자는 자신의 회사에 대한 고민을 솔직하게 이야기하기가 불가능하다. 직원에게 털어 놓으면 직원이 회사를 떠나 다른 직장을 찾을 것이고, 투자가에게 이야기하면 창업자를 쫓아낼 수 있고, 고객에게 이야기하면 사업 상대를 경쟁 회사로 바꿀 것이다."

창업자에게 자신의 고민을 털어 놓고 조언을 구할 수 있는 멘토의 존재는 매우 중요하다. 멘토는 경험과 지혜를 가지고 있고 창업자에게 1 대 1로 조언을 해줄 수 있는 사람이다. 멘토는 자기가 하는 멘토링에 의미가 있다고 느껴서 해야지 대가를 기대하거나 멘토 자신의 이익이 개입되어서는 안 된다.

멘토가 가져야 할 덕목은 창업자가 듣기 싫은 말도 솔직하게 할 수 있어야 하고, 언행이 일치되며, 창업자의 이야기를 경청할 수 있고, 조언을 하되 최종 결정은 창업자의 몫이라는 걸 이해하고, 스타트업의 어려운 사정에 공감할 수 있어야 한다. 멘토는 자기가 일방적으로 창업자를 돕는다고 생각해서는 안 된다. 멘토와 창업자는 멘토-멘티의 관계가 되어 서로 양방향으로 도움을 주고받고 있다는 것도 이해해야 한다.

물론 멘토가 회사의 모든 상황을 이해하고 모든 경우에 정답을 줄수는 없다. 그러나 멘토와의 상담을 통해 창업자는 마음의 안정을 얻을 수 있고, 보다 좋은 해결책에 가까워질 수도 있다.

일반적으로 창업자에게는 세 명의 멘토가 있으면 좋다고 한다. 이 세 명의 멘토는 똑같은 조언을 하기보다 각각 다른 조언을 하는 경우가 많을 것이다. 우유부단함은 창업자가 절대적으로 피해야 할 것 중 하나다. "실천의 최대 적은 우유부단함"이라는 말도 있다. 세 멘토의 조언을 듣고 최종 결정을 하는 것은 결국 창업자의 몫이며, 창업자는 망설이지 않고 이를 수행할 수 있어야 한다. 시간이 걸리겠지만 창업자는 이런 과정을 통해 많은 것을 배울 수 있게 되고, 점점 자신감을 가지고 결정할 수 있게 된다.

어떤 결정이 반드시 최종적일 필요는 없다. 결정을 내린 후 그 결정이 끼치는 영향을 면밀하게 관찰하면서 만일 다른 방향이 더 나을 것 같다는 생각이 들면 솔직히 결정이 잘못되었다는 것을 인정하고 빨리 방향을 바꾸는 것도 창업자가 해야 할 일이다.

결정의 결과가 그다지 긍정적이지 않을 때는 모든 책임을 창업자 자신에게 돌리고, 좋은 결과를 얻었을 때는 그 공을 모두 실무자에게 돌리는 것도 창업자가 갖춰야 할 덕목임을 잊지 말자.

/ 창업자의 건강 /

창업은 길고 험난한 여정이다. 창업자의 인생에서 절대 짧지 않은 시간을 투자해야 한다. 스타트업을 시작해 성공시키는 데 10년은 걸린다고 생각해야 한다. 이 여정은 육체적으로도 힘들지만 많은 걱정과 스트레스가 동반된다.

창업자는 흔히 감정의 롤러코스터를 탄다고 한다. 어느 날은 회사의 시제품을 본 잠재 고객이 매우 만족해하면서 곧 주문할 것처럼 이야기하고, 전에 만난 적이 있는 벤처캐피털 투자가는 다시 만나 저녁 식사를 같이 하면서 더 자세한 얘기를 나누자고 한다. 이럴 때 창업자는 "드디어 우리 회사가 순풍을 만났구나. 그동안 고생한 보람이 있네. 이제는 다 잘될 거야"라고 생각하며 희망에 가득 차게 된다. 그런데 바로 다음 날, 같은 잠재 고객이 자신의 상사가 실적 없는 스타트업의 제품을 채용하는 것을 반대해 주문하기 힘들겠다고 한다. 투자가는 이유를 뚜렷이 설명하지도 않고 저녁 약속을 취소한다. 하루 만에 상황이 급변하자 창업자는 제대로 되는 일이 아무것도 없고 절망의 나락에 빠진 것 같은 느낌이 든다. 창업자는 이런 극심한 감정의 변화를 수없이 겪는다.

창업자는 긴 창업 여정 중에 생활의 균형이 깨지지 않게 하고, 정신적·육체적 건강을 해치지 않도록 많은 신경을 써야 한다. 이를 위해 다음의 다섯 가지를 추천한다.[41, 42]

1. 자신을 고립시키지 않는다

창업자는 성공할 때까지 자기의 사회적 네트워크에서 스스로를 고립시키는 경우가 있다. 그러나 창업을 하면 오히려 네트워크를 더 적극적으로 활용해야 한다. 친한 친구를 만나고 멘토 역할을 할 수 있는 사람들을 만나는 시간을 아까워할 필요가 없다. 창업자는 고민이 많다. 이런 고민을 털어놓을 상대가 있고 없고는 매우 중요하다. 그 상대는 앞서 언급한 멘토일 수도 있지만 친한 친구, 배우자 등 사업에 대해 잘 이해하지 못하더라도 나를 잘 이해하고 내 이야기에 귀 기울여줄 수 있는 사람이면 된다. 그래서 자신의 어려움과 고민을 털어놓음으로써 스트레스를 마음에 담고 살지는 않도록 해야 한다.

2. 스타트업 업무 외에 좋아하는 일을 할 시간을 확보한다

자기가 좋아하고 즐길 수 있고 정기적으로 할 수 있는 취미를 갖길 권한다. 그림 그리기, 악기 연주, 독서, 음악 감상, 목공, 요리, 운동 등.

취미를 즐기는 시간만큼은 스타트업과 관련된 일을 완전히 잊고 거기에 집중함으로써 만족감을 얻을 수 있는 취미라면 좋다. 취미를 즐기면서 새로운 아이디어와 도전을 위해 머리를 비우고 에너지를 재충전할 수 있는 기회를 갖는다.

3. 디지털 기기를 끄는 시간을 갖는다

아침에 일어나면 짧게나마 어제를 돌이켜보고 오늘 하루를 그려본다. 그리고 정신없이 돌아가는 바쁜 일상 속에서 잠시나마 스마트폰과 컴퓨터, TV를 끄고 누구에게도 방해받지 않고 조용히 자신만의 시간을 갖길 바란다. 이렇게 해서 머리를 맑게 하면 창업자는 육체적, 정신적으로 새로운 활력을 얻을 수 있게 된다.

4. 정기적으로 운동을 한다

스트레스를 해소하는 데 좋은 방법 중 하나는 매일같이 운동을 하는 것이다. 굳이 긴 시간을 투자할 필요는 없다. 하루 30분 정도씩이라도 사무실 책상에서 벗어나 헬스장에서 운동을 하거나 공원을 산책하길 바란다. 주말에 등산이나 하이킹을 하며 신선한 공기를 듬뿍 마시는 것도 큰 도움이 된다.

5. 권한 이양을 한다

많은 창업자들이 잘 못하는 일이 있는데, 바로 권한 이양이다. 그래서 지나치게 많은 업무의 바다에 빠져서 헤어나지 못하고 허우적거리는 창업자가 많다. 적당한 권한 이양은 창업자 업무의 하중을 덜어주고 부하 직원에게 동기부여를 하는 일거양득의 효과가 있다. 적극적으로 권한 이양을 하되 부하 직원의 능력을 잘 파악해서 그가 해낼 수 있는 업무를 주고 목표를 명확히 설정해준다. 이후 제대로 일이 진행되고 있는지 모니터링하는 것도 창업자의 몫이다. 창업자는 권한 이양을 통해 일상의 업무에서 벗어나 회사를 위한 전략을 세우는 등 더욱 가치 있는 일에 집중할 수 있어야 하고, 쉴 기회를 가져야 한다.

대부분의 창업자들은 자신의 스타트업에서 일하는 게 너무 좋고, 자신의 아이디어를 실현하는 데 큰 의미를 느껴서 그 길을 선택한다. 창업자는 창업이라는 여정을 떠날 때 비장한 각오를 한다. 자신의 모든 것을 바쳐 꼭 성공시키겠다고 굳게 다짐한다. 그래서 쉬면서 회사 업무에서 벗어나 가족들과 즐거운 시간을 갖는 데 대해 죄책감을 느낀다. 아무리 피곤할지라도 말이다. 그러나 자신의 모든 시간, 정열을 오로지 스타트업에만 바치는 것은 현명하지 않은 일이다. 창업이라는 여정에서 성공만을 목표로 하지 말고, 그 여정 중 마주하는 모든 과정을 즐길 수 있어야 한다. 그래야 목적지에 더 건강하고 행복하게 도착할 수 있게 된다.

/ 전삼의 창업 스토리 /

    지금까지는 창업 초기의 창업자에 관한 이야기였다면 여기서는 가상의 창업자 전삼의 사례를 통해 성장하는 스타트업에 대해 알아보려고 한다. 가상이지만 이러한 사례는 현실에서 너무도 자주 일어나는 일이라 할 수 있다.

    전삼은 어렸을 때부터 컴퓨터를 좋아했다. 중학교 시절에 독학으로 프로그래밍을 배웠고 게임 프로그램을 만들어 학교 친구들과 함께 즐겼다. 그는 명문대학에 진학해 컴퓨터공학을 전공했고, 졸업 후 국내 굴지의 소프트웨어 회사에 취직해 곧 능력을 발휘하기 시작했다. 그러나 대기업의 수직적 문화가 그에게는 무척 갑갑하게 느껴졌다. 좋은 아이디어를 제안해도 무시당하기 일쑤였고, 상사는 회사에서 시키는 일만 충실히 하라며 핀잔을 주기도 했다.

    대기업에서 일한 지 2년여가 됐을 무렵 전삼은 자신의 스타트업을 차려야겠다는 결심을 했다. 회사에서 그는 외국에서 ERP_{Enterprise Resource Planning} 소프트웨어를 수입해 고객 회사에 설치해주고 기술 지원을 해주는 업무를 맡고 있었다. ERP는 회사의 여러 부서에서 생산, 구매, 영업, 재무 등의 다양한 활동과 관련된 데이터를 하나의 데이터베이스에 제공하게 하여 회사의 핵심 사업 프로세스를 종합적으로 볼 수 있게 해주는 시스템이다.

이 ERP 소프트웨어는 대기업용으로 개발되었기 때문에 중소기업에 설치하는 과정에서 낭비 요소가 많았고, 고객 회사가 ERP를 제대로 활용하기까지 많은 시간이 걸렸으며, 유지 비용도 많이 들었다. 이에 전삼은 중소기업에 특화되어 가볍고 모듈화된 ERP 소프트웨어를 개발하는 아이디어로 창업을 해야겠다고 마음먹었다. 그는 곧 직장 동료인 한태와 의기투합해 함께 회사를 그만두고 ST소프트웨어라는 스타트업을 창업했다. 그렇게 전삼은 대학 졸업 후 불과 2년여 만에 스타트업의 창업자 겸 CEO가 되었다. 그와 한태는 대기업에 다니면서 모아둔 많지 않은 돈으로 스타트업을 시작했다.

두 창업자는 3개월간 허다한 날 밤을 새고 라면으로 끼니를 때워가며 중소기업용 ERP의 첫 번째 버전을 만들었다. 전삼은 이 소프트웨어를 고객들에게 소개하는 한편 벤처캐피털 투자가들 앞에서 시연하며 투자 유치를 하기 위해 노력했다. 투자가들은 전삼과 한태의 대기업에서의 경험과 3개월이라는 짧은 기간에 제품을 만들어낸 것을 보고 이들에게 큰 관심을 보였다.

그러나 실제로 투자금을 받는 것은 별개의 문제였다. 많은 벤처캐피털 투자가들이 "우리 투자 펀드는 ST소프트웨어에 투자하는 데 관심이 많습니다. 그런데 우선은 돈을 내고 이 소프트웨어를 사용할 고객을 찾는 게 중요할 듯합니다. 그런 고객이 생기면 그때 다시 이야기합시다"라고 이야기했다.

초기의 고객을 찾는 것은 예상보다 훨씬 힘들었다. 방문한 회사들은 전삼이 소프트웨어를 시연해 보여주자 만족해했으나 "미안한 이야기지만 아무리 소프트웨어가 좋아도 실적 없는 2인 회사의 첫 고객이 되는 건 너무 위험할 듯합니다. 만약 ST소프트웨어가 1, 2년 후에 사라진다면 많은 비용과 인력을 투입한 우리 회사는 어떻게 되겠어요? 아마도 결정을 한 제가 책임지고 회사를 떠나야 할지도 몰라요"라며 결정을 미뤘다.

하지만 열심히 노력하는 사람에게는 행운이 따라오기 마련인가 보다. 새로 방문한 K사의 사장이 전삼을 기억하고 있었다. K사의 고준 사장은 전 회사에서 부사장으로 일할 때 대기업에 있던 전삼을 만났었고, 그의 실력과 사람 됨됨이에 호감을 가지고 있었다. 전삼을 다시 만난 고 사장은 ST소프트웨어에 사업 기회를 주고 싶어 했다. 그 결과 ST소프트웨어의 엔지니어들이 K사 직원들과 밀접하게 일하면서 불과 3개월 만에 K사에 ERP 소프트웨어를 설치했고, K사는 전삼 회사의 소프트웨어를 이용함으로써 업무가 크게 개선되었다. ST소프트웨어를 창업한 지 2년 만에 드디어 매출을 일으키는 실제 고객이 생긴 것이다.

ST소프트웨어의 ERP 시스템에 만족한 고객들의 추천과 입소문 덕에 ST소프트웨어는 그 해에 네 군데 회사에 ERP 소프트웨어를 팔 수 있었다.

ST소프트웨어가 순조롭게 시장에 진입하자 벤처캐피털들도 관심을 보였다. 전삼은 세 군데 벤처캐피털 펀드로부터 텀시트를 받았다. 이느 벤처캐피털의 투자를 받을지 행복한 고민을 하던 전삼은 지분율에서는 상대적으로 불리한 조건을 제시한, 즉 ST소프트웨어의 투자 전 가치를 상대적으로 낮게 보았지만 투자업계에서 아주 평판이 좋은 투자가인 최운의 투자를 받기로 결정했다. 투자가를 선택할 때 단순히 돈만이 아니라 회사를 키워나가는 데 어떤 도움을 받을 수 있을지를 고려해야 한다는 주위의 조언을 따르기로 한 것이다. 전삼은 최운의 벤처캐피털 펀드에서 20억 원의 투자를 받고 20%의 지분을 주는 데 동의했다. 전삼은 투자 받은 자금으로 영업 담당 부사장을 고용하고 직원을 뽑아 회사의 성장에 대비했다.

빠르게 성장하는 기업을 경영하는 것이 전삼에게는 무척 힘든 일이었다. 휴일도 거의 없이 매일 12시간 이상 일하고, 중요한 고객을 만나 회사와 제품을 소개하고, 소프트웨어의 판매가격을 결정하고, 자금 확보를 위해 투자가를 만나거나 은행을 찾아가고, 개발 엔지니어들에게 개발 방향을 제시하고 개발 상황을 모니터하는 등의 모든 일이 그의 몫이었다. 전삼은 스타트업의 창업자이자 CEO라면 당연히 이렇게 해야 한다고 생각했고, 회사가 빠르게 커나가고 있었기에 보람을 느꼈다.

회사가 커지자 직원들과 관련된 문제도 더 많이 발생했는데, 가장 걱정스러운 문제는 공동 창업자이자 마케팅 담당 부사장인 한태와 새로 영입한 영업 담당 부사장인 오영 사이가 점점 더 나빠지고 있다는 사실이었다. 대인관계가 원만한 전삼은 두 사람과 잘 지냈기 때문에 문제가 없었지만 오 부사장은 한 부사장의 경영 방식이 아직 창업 초기 2인 회사의 틀을 벗어나지 못하고 있다고 생각했다. 한 부사장 또한 오 부사장이 공동 창업자인 자신을 존중하지 않을뿐더러 예전에 다니던 중견 회사에서의 경험을 스타트업인 ST소프트웨어에 그대로 적용하려고 하는 데 대해 불만을 가졌다. 그 즈음 ST소프트웨어는 성장 속도가 둔화되고 고객 만족도가 그전만 못한 것으로 조사되었는데, 두 사람은 이러한 문제가 서로 상대 부서 탓이라며 책임을 미뤘다. 각 부서의 리더인 한 부사장과 오 부사장 사이가 원만하지 않자 두 부서의 직원들도 예전과 달리 점점 멀어지고 있었다. 전삼도 이런 문제를 모르는 바는 아니었으나 어떻게 해결해야 할지 전혀 감이 잡히지 않았다.

천성이 착했던 전삼은 사람들과 긍정적인 이야기를 나누고 칭찬하는 데는 익숙했으나 부하 직원의 잘못을 지적하고 꾸짖는 데는 익숙지 않았기 때문에 부사장들 사이의 껄끄러운 문제를 풀어가기가 무척 힘들었고, 가능한 한 그런 자리를 피하려고 했다. 전삼은 자신이 그 누구보다 열심히 일하는 솔선수범형 리더이고, 두 부사장과 아무 문제 없이 일을 잘하고 있다고 여겼기 때문에 시간이 흐르면 두 부사장도 자신의 경영철학을 이해하고, 문제도 자연스럽게 해결될 거라고 생각했다.

　ST소프트웨어에는 또 한 가지 문제가 있었는데, ST소프트웨어는 소프트웨어 업데이트를 약속한 기일 내에 어김없이 처리하는 것으로 업계에 정평이 나 있었으나 점점 납기를 어기는 일이 잦아지고 있다는 것이었다. 창업 초기에는 엔지니어 출신인 전삼이 개발팀 팀장처럼 일을 하면서 소프트웨어 개발이 순조롭게 진행되었었다. 그런데 회사가 커지면서 전삼이 개발에 할애하는 시간은 점점 줄어들었는데, 그럼에도 불구하고 다른 엔지니어에게 권한을 이양하지 않았고, 개발에 관한 최종 결정은 여전히 전삼이 담당했다.

　그러던 어느 날 투자가이자 회사의 사외이사인 최운 파트너가 전삼을 저녁식사에 초대했다. 전삼은 스타트업 투자 업계에서 30년 이상 일해온 최운 파트너를 단순한 투자가가 아닌 멘토로서 존경해 왔다. 전 사장에게 회사 운영에 관해 제대로 조언을 해줄 수 있는 멘토는 최운 파트너 외에는 없었다.

　식사를 하면서 최운 파트너가 입을 열었다.

　"전 사장, 나는 회사의 장래를 아주 긍정적으로 보고 있어요. 이대로 잘 진행된다면 2~3년 안에 높은 값에 다른 회사에 팔거나 상장을 할 수 있을 거예요. 회사가 여기까지 온 데는 누구보다도 우리 전 사장의 공이 컸지요. 대단한 일을 해냈어요. 그런데… 회사가 새로운 CEO를 맞아들여야 할 때가 온 것 같아요. 경험이 풍부한 새 CEO를 영입해

기업 매각이나 상장 시까지 회사의 가치를 높이도록 일을 맡기는 게 좋겠어요."

최운 파트너에게서 전혀 예상치 못한 말을 들은 전삼은 겨우 말을 이어갔다.

"제가… 뭘… 잘…못했나요?"

"전 사장, 지금까지 이룬 것에 대해 자랑스러워해야 합니다. 그러나 회사는 변화를 필요로 해요. 회사의 리더들 사이에서의 분열은 있을 수 없는 일이에요. 그리고 개발팀에서 새 버전의 소프트웨어 개발이 계속 늦어지고 있는 것도 걱정이에요. ST소프트웨어가 성공을 거둔 이후 몇몇 경쟁사들이 이미 시장에 들어와 있잖아요? 경쟁사들은 지금이 ST소프트웨어를 앞설 절호의 기회라고 볼 거예요. 스타트업이 성장하는 과정에서 리더가 교체되는 것은 아주 흔한 일입니다. 창업자가 자기의 강점을 잘 활용해 회사를 어느 단계까지 성장시켰다면, 그 다음 단계는 회사를 더 잘 운영할 수 있는 새로운 리더에게 넘겨주는 게 바람직하죠. 우리 함께 새로운 CEO를 찾아보고, 전 사장은 CTO로 계속 회사에 남아주면 좋겠어요."

전혀 예상하지 못했던 말에 충격을 받은 전삼은 어떻게 대답해야 할지 몰랐다.

전삼의 사례는 스타트업에서 흔히 겪는 일들이다. 우선 전삼이 ST소프트웨어를 여기까지 끌고온 것은 대단한 성과라고 할 수 있고, 이 단계에서 CEO 자리를 물려주는 것 또한 절대 창피하거나 굴욕적인 일이 아니다.

회사가 성장함에 따라 CEO의 역할도 달라지는데, 창업할 때부터 주식시장에 상장할 때까지 여러 종류의 다른 리더십이 요구된다. 그 중 일부 창업자는 처음부터 끝까지 창업자 스스로가 변신을 거듭해가면서 그 모든 역할을 해내기도 하지만 대부분의 창업자는 그렇지 못하다. 그러므로 창업자는 자기가 가장 잘할 수 있는 부분을 담당하고 후임자에게 바통을 넘겨주는 것은 매우 당연한 일이라고 할 수 있다.

그렇다면 전삼이 무엇을 잘했기에 회사가 이만큼 성장할 수 있었는지, 그리고 무엇을 더 잘했으면 좋았을지 알아보자.

빠르게 커나가는 회사에 요구되는 리더십

우선 전삼은 똑똑하고 열심히 노력하는 사람이다. 기술적으로 우수한 엔지니어이고 대인관계도 좋아서 회사 안에서뿐만 아니라 고객(고준)과 투자가(최운)와의 관계도 좋았다.

그런데 한 사람이 가진 장점은 곧 단점이 되기도 한다. 그의 장점인 원만한 대인관계의 뒷면에는 충돌이나 다툼을 회피하고자 하는 경향이 있다. 그리고 본인이 우수하고 완벽주의자 성향이 있기에 권한 이양을 잘 못한다. 가장 문제가 되는 것은 본인 스스로 이런 자신의 약점을 잘 모르고 있다는 것이다.

결국 전삼은 대인관계에 대해 잘 이해하지 못했고, 다른 사람들에게 동기부여를 하지 못했으며, 회사가 커나가면서 리더십 또한 변화돼가야 한다는 것을 잘 몰랐다. 따라서 회사가 성장함에 따라 회사 전체에 필요한 변화를 선도하지 못했다. 한마디로 스타트업 창업자로서 리더십이 부족했다.

그렇다면 전삼은 마케팅부사장과 영업부사장의 불화를 어떻게 다뤘어야 했을까? 여기서 우선 생각해야 할 것은 '공통의 목표'다.[43] 공통의 목표는 인간관계의 기초가 된다. 회사가 성공을 거둔 일에 대해서 각 부서의 책임자들은 자기와 자기 부서의 공을 부각시키려 하고, 잘 진행되지 않은 부분에 대해서는 다른 부서의 잘못으로 돌리려는 경향이 있다. 영업부사장 한태와 마케팅부사장 오영은 ST소프트웨어의 사업을 확장시켜야 한다는 공통의 목표가 있다. 그런데 만약 공통의 목표가 제대로 정의되어 있지 않다면 두 사람은 성공한 일은 서로 공을 다투게 되고 실패한 일은 책임을 떠넘기게 될 수도 있다. 한태와 오영이 겪는 갈등의 원인이 바로 여기에 있었던 것이다.

전삼은 우선 사장으로서 자신의 단기(3개월), 중기(1년), 장기(3~5년) 계획과 목표를 수립해야 한다. 그리고 두 부사장을 각각 만나 사장과 해당 부사장이 공유해야 할 목표를 정해야 한다. 그러고 나서 경영진 세 사람이 함께 모여 서로 공유해야 할 목표를 정한다. 그렇게 하면 두 부사장은 경영진 전체가 공유하는 목표와, 사장과 본인이 공유하는 목표, 그리고 자기 자신이 이뤄야 할 목표를 갖게 된다.

그리고 전 사장은 두 부사장의 업적을 정확하고 공평하게 평가해야 한다.

이런 식으로 해도 회사 구성원 간의 갈등을 100% 없애기는 쉽지 않다. 만약 사장이 힐 수 있는 모든 조치를 취했는데도 두 부사장의 갈등이 계속된다면 리더는 결단을 내려야 한다. 두 부사장 중 회사를 위해 누가 더 필요한가를 판단해 그렇지 않은 사람을 회사에서 내보낼 수 있어야 하는 것이다.

ST소프트웨어의 또 다른 문제는 개발 능력 저하를 들 수 있는데, 이와 관련해서는 개발을 잘 이끌 수 있는 책임자를 영입하는 방법과 전삼 사장 자신이 개발 책임자로서의 역할에 집중하는 방법이 있다. 전삼의 경우 가장 자신 있어 하는 분야가 개발이기 때문에 이런 선택이 가능하다. 이 경우에는 회사 전체를 이끌어갈 새로운 CEO를 영입하기 위한 결단을 내려야 한다. 투자가 최운 파트너가 이 문제에 대한 해결책을 제시한 셈이다.

그러나 이런 해결책이 다른 사람으로부터 나오기 전에 전삼이 "나의 CEO로서의 역할은 여기까지입니다. 보다 경험이 많고 빠르게 커나가는 회사를 경영하는 데 적합한 새 CEO를 영입하면 좋겠습니다. 나는 내가 가장 잘할 수 있는 제품 개발을 책임지는 CTO로서 제 역할을 다하겠습니다"라고 제안했다면 보다 모양새가 좋았을 것이고, 본인이 받았을 심리적 타격도 없었을 것이다.

/ 창업자의 리더십 /

여기서는 전삼의 창업 스토리를 바탕으로 창업자에게 요구되는 리더십의 핵심을 정리해보자. 창업자에게 필요한 리더십의 핵심은 다음과 같이 요약할 수 있다.

- 먼저 자신을 잘 알고,
- 인간관계를 잘 만들어 발전시키고
- 직원들에게 동기부여를 하고
- 스타트업의 성장 과정을 이해해
- 스타트업에 필요한 변화를 주도한다.[44]

1. 먼저 자신을 잘 안다

자신을 잘 안다는 것은 자기 자신이 왜 창업자가 되고 싶은지 그 동기와, 자신의 특성과 실력에 대해 잘 알아야 한다는 말이다.

동기는 개개인이 각각 다르겠지만 단순히 돈을 많이 벌겠다는 것이나 다른 사람 밑에서 일하기 싫다는 것보다는 '내가 창업을 해서 그 영향이 크든 작든 세상을 변화시키고 사람들의 생활에 좋은 변화를 주고 싶다'는 것이면 어떨까 싶다. 이런 확실한 창업 철학이 있으면 같이 일할 동료를 구하거나 투자가를 찾거나 고객을 찾을 때 그들의 마음을 움직이기가 더 쉬울 것이다.

개인의 특성은 타고난 성격에서 나오는 것이므로 바꿀 수 없다. 따라서 자기 특성의 장단점을 잘 이해하고 있어야 한다. 실력은 배워서 늘릴 수 있고, 사람에 따리 다를 깃이므로 내 실력을 가장 잘 발휘할 수 있는 분야를 알아야 한다.

2. 인간관계를 잘 만들고 발전시킨다

창업자의 리더십을 건물이라고 한다면 인간관계는 한 장 한 장의 벽돌이라고 할 수 있다. 인간관계는 의사소통을 통해 발전한다. 두 사람이 한 시간 동안 대화를 나눴는데, 서로 의견이나 감정을 나눴다는 느낌이 없다면 그 이유는 두 사람이 상대방의 말을 들은 게 아니라 자신이 하고 싶은 말만 했기 때문이다. 이는 의사소통을 한 것이 아니라 방송을 한 것이다.

좋은 의사소통은 상대방의 이야기를 잘 듣는 데서 출발한다. 보통 좋은 리더는 외향적이고 활발하며 상대방과의 대화를 주도하는 사람이라고 생각하기 쉽지만 내성적이고 말수가 적은 사람 중에 오히려 훌륭한 리더가 많다는 말이 있다. 그 말은 즉, 내성적이고 말수가 적은 사람 중에는 상대방의 이야기를 경청할 줄 아는 사람이 많다는 의미일 것이다.

대인관계에서 또 한 가지 중요한 것은 정직성, 진정성이라고 할 수 있다. 상대방이 나의 정직함과 진정성을 느낄 때 믿음을 갖게 되고 튼튼한 인간관계가 형성되게 된다.

3. 직원들에게 동기부여를 한다

직원들에게 동기부여를 한다는 것은 그들이 창업자와 같은 생각을 가지고, 창업자와 회사가 성공할 수 있도록 열심히 노력하게 하는 것이다. 사람들은 스스로 결정할 수 있는 자율성을 가지고 일하고, 자신이 최대한 노력해야 겨우 이룰 수 있고, 하는 일에서 의미를 느낄 때 자신이 가진 능력을 최대한 발휘할 수 있다.[45] 그러므로 리더는 직원들에게 이런 환경을 만들어주어야 한다.

리더는 직원이 하는 일이 어떤 의미가 있는지를 잘 설명해준다. 직원에게 열심히 하면 달성 가능한 확실한 목표를 주되, 목표까지는 스스로 찾아가도록 한다. 리더는 상황을 잘 관찰하고, 만약 목표를 이루지 못할 것 같을 경우에는 플랜 B를 가동시킬 수 있게 대비한다. 그리고 일의 결과에 대해 공정한 평가를 내리고, 잘한 일에 대해서는 칭찬을 아끼지 않고 잘못된 일에 대해서는 건설적인 비평으로 앞으로 더 잘해나갈 수 있게 도와줘야 한다. 대외적으로 공은 부하 직원들에게 돌리고 과에 대한 책임은 리더 자신이 지는 태도도 필요하다.

4. 스타트업의 성장 과정을 이해한다

스타트업의 리더는 회사가 어떤 성장 과정을 거치는지, 그 과정에서 요구되는 리더십은 어떻게 변해가는지를 이해해야 한다. 스타트업은 창업에서 성공까지 고객 검증, 운영 검증, 재무 검증, 자립성 확립의 네 단계를 거친다.[46]

- 고객 검증: 아이디어에서 고객을 찾을 때까지
- 운영 검증: 고객 서비스 제공부터 제대로 돌아가는 기업으로
- 재무 검증: 잘 돌아가는 기업에서 효율적인 기업으로
- 자립성 확립: 효율적인 기업에서 자립하는 기업으로

이 네 단계에 대해서는 뒤에서 다시 설명하겠다.

5. 스타트업에 필요한 변화를 주도한다

창업자인 리더가 잘해야 할 것이 또 있는데, 바로 변화를 주도적으로 이끌어가는 것이다. '성공의 저주'라는 말이 있다. 자신의 성공에 도취되어 세상 변화에 귀 기울이지 않고 오만하게 군 결과 결국 실패하게 된다는 말이다. 성공의 저주를 피하기 위해서는 끊임없이 변화해야 한다. 특히 아무것도 없이 시작했다가 큰 성공을 거두게 된 스타트업의 경우는 빠르게 성장하는 자신의 몸에 맞는 옷으로 계속 바꿔 입을 줄 알아야 한다. 간혹 "우리 회사가 업계에서 가장 잘하고 있는데 뭘 바꾸라는 거지?" 하며 변화를 거부하는 경우도 있다. 이는 그 변화의 결과에 대해 잘 모르고, 특히 변화가 자신에게 끼칠 영향에 대해 두려움을 느껴 변화에 저항하고 현실에 안주하려 하기 때문이다. 그러므로 리더 스스로 먼저 변화에 대한 인식을 바꾸고, 변화가 관련된 모든 사람들에게 긍정적인 영향을 줄 것이라는 것을 소통을 통해 이해시킴으로써 모두가 안심하고 변화에 참여할 수 있도록 해야 한다.

/ 스타트업의 발전 단계 /

스타트업의 발전 단계는 다음과 같다.

1. 고객 검증: 아이디어에서 고객을 찾을 때까지

스타트업 안에서 벌어지는 일은 프로젝트와 프로세스로 나눌 수 있다. 프로젝트는 새로운 것이나 이전에 있던 것보다 나은 것을 만들어 내는 과정이다. 프로세스는 어떤 일을 반복적으로 하는 것이다. 스타트업에는 프로젝트와 프로세스가 모두 존재하는데, 스타트업이 성장해가면서 두 가지의 비중에 변화가 생기게 된다.

스타트업에는 이밖에도 창업 첫날부터 자라기 시작하는 무형의 무엇인가가 있다. 이를 '문화'라고 부른다. 문화는 한 회사의 일하는 방식, 분위기 등 그 회사의 많은 일들과 관련된다. 회사의 문화가 형성되는 데는 그 회사 리더의 행동과 생각이 가장 큰 영향을 미치고, 스타트업 구성원들 사이에서의 상호작용도 영향을 미친다.

스타트업 발전의 첫 단계인 고객 검증은 사업 아이디어를 실천에 옮기기 시작해 고객을 찾는 데까지를 말한다. 이 단계에서 중요한 활동은 제품(서비스)과 고객을 개발하는 프로젝트다. 이 단계에서는 변화에 민첩하게 대응하고, 직원들이 새로운 일을 재미있게 할 수 있도록 동기부여를 하는 리더십이 필요하다.

2. 운영 검증: 고객 서비스 제공부터 제대로 돌아가는 기업으로

운영 검증 단계에서는 다음의 세 가지 프로젝트가 중요하다. 첫째, 고객이 원하는 때에 제품을 제공하고 둘째, 고객을 늘리고 만족시키며 셋째, 회사를 매일매일 원활하게 운영한다.

일상적인 회사 경영이 나중에는 프로세스가 되겠지만, 여기서는 아직 프로젝트의 성격이 강하다. 이 단계에서 리더가 해야 할 일은 프로젝트가 마일스톤 대비 제대로 진행되고 있는지 검증하고, 직원들에게 명확한 목표를 정해주지만 일일이 간섭하지는 않음으로써 자율성을 갖고 일한다고 느끼게 하며, 회사의 비전을 직원들이 공감할 수 있게 해 직원들 스스로 자신이 하는 일에 의미를 부여하게 한다.

3. 재무 검증: 잘 돌아가는 기업에서 효율적인 기업으로

이 단계에 이르면 회사가 경쟁 상대들과 경쟁을 해나가면서 계속적으로 경제적 가치를 만들어낼 수 있어야 하고, 확장성 있는 프로세스를 갖춰야 한다. 이 프로세스는 어떤 한 개인에게 의존해서는 안 된다. 이 단계에서는 회사 운영, 대 고객 관계, 재무 상태 등을 정기적으로 점검·예측하고, 직원들이 발전할 수 있는 기회를 제공해야 하는데, 이 모든 일들이 창업자가 직접 관여하지 않아도 돌아가는 프로세스여야 한다.

4. 자립성 확립: 효율적인 기업에서 자립하는 기업으로

회사가 이 단계에 오면 많은 프로세스가 정립되어 있어야 하지만, 창의적인 새 제품을 개발해 새로운 고객을 개척하는 프로젝트도 시작해야 한다. 리더는 창의적인 활동과 회사의 업무를 효율적으로 개선하기 위한 활동을 인정해주는 문화를 만들고, 회사가 정체되거나 현재에 안주하지 않는 프로세스를 도입하기 위해 노력해야 한다.

이러한 네 단계를 거쳐 창업자는 궁극적으로 늘 가치를 만들어내고 자립하는 회사를 만드는 것을 목표로 해야 한다. 여기서 가치는 일반적으로 경제적 가치만을 생각하기 쉬우나 사회적 기업과 같이 사회적 영향을 목표로 하는 경우도 있다. 여기서 자립하는 기업이란, 창업자가 있든 없든 문제없이 돌아가고, 회사의 제품이나 서비스가 지속적으로 혁신됨으로써 새로운 고객이 유입되는 회사를 말한다.

/ 졸업 전 창업 준비 시 해야 할 일 /

만약 창업에 관심이 있는 학생이라면 학창시절에 무엇을 준비하면 좋을까? 물론 학교를 다니면서도 창업을 할 수 있지만 좀 더 시간을 갖고 창업 준비를 하고 싶은 사람이라면 다음의 사항들을 권한다.

우선 많은 아이디어들을 발굴하고 테스트해보기 바란다. 창업은 근

본적으로 그 효과가 크든 작든 세상을 바꾸고, 사람들의 생활을 보다 긍정적인 방향으로 변화시키는 일이다. 따라서 창업 아이디어의 원천은 사람들이 어떻게 행동하고 생각하는가와 밀접한 관련이 있다. 그런 면에서 학생들은 나이가 많은 사람들보다 유리한 위치에 있다고 할 수 있다. 왜냐하면 지금 학생들이 생각하고 행동하는 것들이 미래의 주류가 될 가능성이 매우 높기 때문이다. 그래서 단지 본인의 전공 분야만이 아니라 다양한 분야에 관심을 갖고 눈을 크게 뜨고 보기를 바란다. 그리고 어떤 분야에 관심이 생기면 그 분야를 깊이 파보길 바란다. 관심 분야가 꼭 전공과 관련된 분야일 필요는 없다.

학생들에게 학교는 미래의 공동 창업자나 멘토를 만날 수 있는 좋은 장소다. 따라서 다양한 교우 관계, 사제 관계를 통해 광범위한 네트워크를 만들어놓을 것을 권한다.

맺음말

《Let's 스타트업》을 마치며

여기까지 책을 읽어주신 여러분께 감사드립니다. 이 책을 읽고 '창업이란 이런 것이구나', '창업을 하려면 이런 준비부터 해야겠구나'라고 느끼셨다면 제가 이 책을 쓴 보람이 있을 것 같습니다. 각 장에서 다룬 내용들을 더 자세히 알고 싶다면 이 책의 말미에 있는 참고문헌을 포함해 시중에 나와 있는 다양한 창업 관련 책들을 구해서 읽어보시기 바랍니다.

이 책은 제가 앞서 열었던 K-MOOC 온라인 강의 '창업의 첫걸음'의 강의 노트를 바탕으로 준비되었습니다. K-MOOC는 모든 강의가 무료로 제공되고 있으니 이 온라인 강의도 함께 보면 도움이 될 것입니다.

책을 읽고 혹 궁금한 점이 있다면 steve.ahn.st@gmail.com으로 연락 주시기 바랍니다. 앞으로 여러분의 창업 여정에 행운이 함께하기를 기원하며 책을 마칩니다.

1장 **성공적인 창업은 어떻게 이루어지는가?**

1   "Single biggest reason why startups succeed"

　　https://www.ted.com/talks/bill_gross_the_single_biggest_reason_why_startups_

　　succeed?language=ko

2장 **그 스타트업들은 어떻게 성공했을까?**

2   브래드 스톤,《업스타트》, 이진원 옮김, 21세기북스, 2017.

3   J. Lassiter & E. Richardson, *Airbnb*, Harvard Business School, Case 9-812-046, 2014.

4   J. Lassiter & E. Richardson, *Airbnb*, Harvard Business School.

5   S. Rosenthal & A. Rachleff, *AIRBNB*, Stanford Graduate School of Business, Case E470, 2013.

6   브래드 스톤,《업스타트》.

7   브래드 스톤,《업스타트》.

8   J. Lassiter & E. Richardson, *Airbnb*, Harvard Business School.

3장 사업 아이디어에서 비즈니스 모델까지

9   브래드 스톤, 《업스타트》.

10   브래드 스톤, 《업스타트》.

11   A. Osterwalder & Y. Pigneur, *Business Model Generation*, 2010, Wiley.

12   A. Maurya, *Running Lean*, 2012, O'Reilly Media.

13   K. R. Allen, *Launching New Ventures*, 7th ed. 2012, Cengage Learning.

14   "The 10 Most Popular Startup Revenue Models, Founder Institute"

https://fi.co/insight/the-10-most-popular-startup-revenue-models

15   I. Kaufman & C. Horton, *Digital Marketing*, 2014, Routledge.

16   B. Halligan & D. Shah, *Inbound Marketing*, 2014, Wiley.

17   A. Maurya, *Running Lean*.

18   에릭 리스, 《린 스타트업》, 이창수·송우일 옮김, 인사이트, 2011.

4장 우리 회사의 진입 장벽은 무엇인가?

19   2016 주요 농식품 품목별 소비트렌드와 이슈: 과일, 채소, 편의점 도시락을 중심으로, 문정훈, 강원지역 농업인을 위한 2016 농식품 소비트렌드 발표회, 발간등록 번호, 11-1390000-004078-01.

20   2016 인구주택 총 조사 전수 집계 결과 보도자료, 통계청.

http://kostat.go.kr/portal/korea/kor_nw/2/1/index.board?bmode=read&aSeq=362609

21   2016 주요 농식품 품목별 소비트렌드와 이슈: 과일, 채소, 편의점 도시락을 중심으로, 문정훈, 강원지역 농업인을 위한 2016 농식품 소비트렌드 발표회, 발간등록 번호, 11-1390000-004078-01.

22   2016 인구주택 총 조사 전수 집계 결과 보도자료, 통계청.

http://kostat.go.kr/portal/korea/kor_nw/2/1/index.board?bmode=read&aSeq=362609

5장 창업자가 알아야 할 최소한의 재무

23 K. Berman & J. Knight, *Financial Intelligence*, 2008, Harvard Business Review Press.

6장 스타트업은 어떻게 투자 유치를 하는가?

24 더멋 버커리, 《스타트업 펀딩》, 이정석 옮김, e비즈북스, 2013.

25 더멋 버커리, 《스타트업 펀딩》.

26 B. Feld & J. Mendelson, *Venture Deals*, 2016, Wiley.

27 B. Feld & J. Mendelson, *Venture Deals*.

28 더멋 버커리, 《스타트업 펀딩》.

29 B. Feld & J. Mendelson, *Venture Deals*.

30 B. Feld & J. Mendelson, *Venture Deals*.

31 B. Feld & J. Mendelson, *Venture Deals*.

7장 투자 유치를 위한 프레젠테이션의 기술

32 J. Weissman, *Presenting to Win*, 2003, Financial Times Prentice Hall.

33 콜 누스바우머 내플릭, 《데이터 스토리텔링》, 정사범 옮김, 에이콘출판사, 2016.

34 J. Weissman, *Presenting to Win*.

35 콜 누스바우머 내플릭, 《데이터 스토리텔링》.

36 C. Heath and D. Heath, *Made to Stick*, 2007, Random House.

37 N. Duarte, *slide:ology*, 2008, O'Reilly Media.

8장 창업자가 갖추어야 할 리더십

38 T. Agarwal, *How to Start a Startup*, 2016, PlatoWorks Inc.

39 K. Allen, *Launching New Ventures*.

40 J. Nesheim, *High Tech Start Up*, 2000, Free Press.

41 S. Edwards, "6 Ways that Successful Entrepreneurs Release Stress and Stay Healthy" https://inc.com/samuel-edwards/6-ways-that-successful-entrepreneurs-release-stress-and-stay-healthy.html

42 K. Abdulrahman, "How to Stay Healthy and Happy as an Entrepreneur" https://www.forbesmiddleeast.com/en/how-to-stay-healthy-and-happy-as-an-entrepreneur/

43 S. Edwards, "6 Ways that Successful Entrepreneurs Release Stress and Stay Healthy" https://inc.com/samuel-edwards/6-ways-that-successful-entrepreneurs-release-stress-and-stay-healthy.html

44 D. Lidow, *Startup Leadership*, 2014, Jossey-Bass.

45 K. Allen, *Launching New Ventures*.

46 D. Lidow, *Startup Leadership*.

카이스트 K스쿨
Let's 스타트업
실리콘밸리를 꿈꾸는 스타트업 창업 가이드

초판 1쇄 인쇄 2018년 10월 22일

지은이	안성태
펴낸이	이혜경
편집	고정란
디자인	박은진
온라인마케팅	이지아

펴낸곳	니케북스
출판등록	2014년 4월 7일 제300-2014-102호
주소	서울시 종로구 새문안로 92 광화문 오피시아 1717호
대표전화	(02)735-9515
팩스	(02)735-9518
전자우편	nikebooks@naver.com
블로그	nikebooks.co.kr
페이스북	www.facebook.com/nikebooks
인스타그램	www.instagram.com/nike_books
트위터	twitter.com/nikebooks

ⓒ 안성태, 2018
ISBN 978-89-94361-98-7 13320

가격: 14,000원

이 도서의 국립중앙도서관 출판예정도서목록(CIP)은 서지정보유통지원시스템 홈페이지(http://seoji.nl.go.kr)와
국가자료종합목록시스템(http://www.nl.go.kr/kolisnet)에서 이용하실 수 있습니다.(CIP제어번호: CIP2018032258)